JN248469

箱根

あなただけの
プレミアムな
おとな旅へ！
ようこそ！

箱根外輪山と芦ノ湖と富士山
箱根ものがたりの大舞台

HAKONE
箱根への旅

景観多彩の懐深いリゾート
セレブなおとなの隠れ家へ

明治時代に入ると外国人客をメインに受け入れる富士屋ホテルが創業。小田原から塔之沢へ、さらに宮ノ下へと道路が整備されると、温泉リゾートとしての歴史が急展開する。温泉宿が次々と開業しハイレベルなホスピタリティを提供する今日の温泉リゾートの礎はこの頃に築かれたといえよう。箱根外輪山と芦ノ湖が紡ぎ出す絶景、大地から湧き出る温泉、そうした自然の恵みが、癒やしと感動を与えてくれる。

SIGHTSEEING

青空の下に彫刻作品が点在する、屋外展示の美術館

彫刻の森美術館 ➡ P.88

自然と人間の共同作業で生まれる箱根の絶景

夕日を浴びて黄金に輝く仙石原のススキ草原

食べると7年寿命が延びるといわれる大涌谷名物のくろたまご

大涌谷くろたまご館 → P.65

箱根登山鉄道の沿線を彩るアジサイの花

歴史を感じさせる伝統ある建築

富士屋ホテルのメインダイニング 歴史を感じる素晴らしい室内装飾

GOURMET
香ばしい焼き立てのパンの香りが食欲をそそる
{ före bakery } ⇒ P.117

GOURMET
食材にも盛り付けにも季節感が感じられる
{ 懐石料理 花壇 } ⇒ P.108

GOURMET
和カフェでいただくシフォンケーキのやさしい甘さが◎
{ 茶房うちだ } ⇒ P.119

自然の緑を眺めながら温泉に浸かる至福の時

CONTENTS

箱根広域図 2
箱根への旅
景観多彩の懐深いリゾート
セレブなおとなの隠れ家へ 4
箱根はこんなところです 12
箱根を移動する 14
箱根トラベルカレンダー 16
プレミアム滞在モデルプラン
箱根 おとなの2泊3日 18

ニュース＆トピックス ……… 22

歩く・観る

宮ノ下	40
古き良き時代が薫るおみやげ	42
自慢の味をいただきます	44
小涌谷	46
箱根小涌園ユネッサン	46
強羅	48
箱根強羅公園	48
芦ノ湖周辺	50
芦ノ湖遊覧	50
芦ノ湖畔のレイクビューカフェ＆レストラン	52
箱根園	54
箱根神社にお参り	56
芦ノ湖を望む絶景ドライブ	58

特集

箱根 変幻の四季 24
春 24
夏 26
秋 28
冬 29

箱根でスペシャルな滞在 ... 30
富士屋ホテルでラグジュアリーな一日 ... 30
小さな隠れ家宿でくつろぎステイ ... 32
おこもり宿でプライベートステイ ... 36
多彩な湯が待つ「箱根二十湯」 38

箱根旧街道・畑宿　60
箱根関所 　60
東海道箱根八里を越える 　62

大涌谷　64
噴煙が上がる大涌谷を眺める 　65

箱根の山を上る乗り物　66
　箱根登山電車　66
　箱根登山ケーブルカー　67
　箱根ロープウェイ　68

仙石原　70
仙石原のススキ草原 　70
箱根湿生花園 　71

箱根湯本・塔之沢　72
箱根湯本駅
駅ナカ　グルメ＆ショッピング 　73
活気あふれる箱根湯本商店街へ 　74
日帰り湯で癒やしのひととき 　76
歴史 ハイカラ温泉地への道のり 　78
　　富士屋ホテル物語 　84

アート・文化

美術館・博物館　88
箱根のアートスポット 　88
　彫刻の森美術館　88
　ポーラ美術館　90
　箱根ラリック美術館　91
　岡田美術館　92
　箱根マイセンアンティーク美術館　93
　箱根ガラスの森美術館　93
もっと訪れたい美術館・博物館　94
センスが光るアートグッズ　96

伝統工芸　98
木肌がやさしい寄木細工の世界 　98
オンリーワンデザインを買いたい 　100
星野リゾート　界が伝統を継ぐ　102

付録地図

箱根全図　2　　芦ノ湖周辺　12
仙石原　4　　箱根旧街道　14
大涌谷　6　　強羅／宮ノ下　16
強羅・宮ノ下　8　　箱根湯本／畑宿　17
塔之沢・箱根湯本　10　　箱根 鉄道・バス路線図　18

9

食べる

極上のフレンチ&イタリアン セレブに愛されてきた名店 7店	104
贅沢美食の懐石料理 4店	108
豆腐と湯葉のやさしい味わい	110
絶品! 豆腐をお持ち帰り 111	
手打ちが主流 そばの名店	112
箱根の名物ランチ	114
焼きたてパンをめしあがれ	116
カフェ&スイーツ	118
箱根の味みやげ 120	

泊まる

ラグジュアリーな滞在 極上の湯宿	122
風情ある老舗旅館の名建築を愛でる	124
オーベルジュという夢舞台	126
エステが人気のリラックスリゾート	128
絶景自慢の温泉宿	130
和モダンのもてなし	132

足をのばして

小田原
小田原城	134
とっておきグルメスポット	136
鈴廣 かまぼこの里 136	
小田原早川漁村 137	
一夜城Yoroizuka Farm 137	

御殿場
御殿場高原 時之栖 138	
御殿場プレミアム・アウトレット 139	

箱根へのアクセス	140
箱根の交通	141
INDEX	142

本書のご利用にあたって

● 本書中のデータは2021年3〜4月現在のものです。料金、営業時間、休業日、メニューや商品の内容などが、諸事情により変更される場合がありますので、事前にご確認ください。

● 本書に紹介したショップ、レストランなどとの個人的なトラブルに関しましては、当社では一切の責任を負いかねますので、あらかじめご了承ください。

● 営業時間、開館時間は実際に利用できる時間を示しています。ラストオーダー(LO)や最終入館の時間が決められている場合は別途表示してあります。

● 休業日に関しては、基本的に定休日のみを記載しており、特に記載のない場合でも年末年始、ゴールデンウィーク、夏季、旧盆、保安点検日などに休業することがあります。

● 料金は消費税込みの料金を示していますが、変更する場合がありますのでご注意ください。また、入館料などについて特記のない場合は大人料金を示しています。

● レストランの予算は利用の際の目安の料金としてご利用ください。Bが朝食、Lがランチ、Dがディナーを示しています。

● 宿泊料金に関しては、「1泊2食付」「1泊朝食付」「素泊まり」は特記のない場合1室2名で宿泊したときの1名分の料金です。曜日や季節によって異なることがありますので、ご注意ください。

● 交通表記における所要時間、最寄り駅からの所要時間は目安としてご利用ください。

● 駐車場は当該施設の専用駐車場の有無を表示しています。

● 掲載写真は取材時のもので、料理、商品などのなかにはすでに取り扱っていない場合があります。

● 予約については「要予約」(必ず予約が必要)、「望ましい」(予約をしたほうがよい)、「可」(予約ができる)、「不可」(予約ができない)と表記していますが、曜日や時間帯によって異なる場合がありますので直接ご確認ください。

● 掲載している資料および史料は、許可なく複製することを禁じます。

■ データの見方

- ☎ 電話番号
- 所 所在地
- 開 開館／開園／開門時間
- 営 営業時間
- 休 定休日
- 料 料金
- 交 アクセス
- P 駐車場
- in チェックインの時間
- out チェックアウトの時間
- 室 宿泊施設の客室数

■ 地図のマーク

- ★ 観光・見どころ
- 卍 寺院
- ⛩ 神社
- 教会
- R 飲食店
- C カフェ・甘味処
- S ショップ
- SC ショッピングセンター
- H 宿泊施設
- i 観光案内所
- 道の駅
- ♨ 温泉
- バス停
- 乗船場

11

旅のきほん 1

エリアと観光のポイント
箱根はこんなところです

古くから旅人が行き来した箱根旧街道、温泉リゾート地として発展した箱根登山鉄道の沿線、ファミリーに人気の芦ノ湖畔エリアと、箱根は実に多彩な顔を持つ。

遊べる温泉施設でリラックス
小涌谷 こわくだに ➡ P.46
観光の中心は大人から子どもまで一日中楽しめる温泉アミューズメント施設。

観光のポイント 箱根小涌園ユネッサンを満喫するのが◎

温泉リゾートが大集合
強羅 ごうら ➡ P.48
洗練された高級温泉宿が立ち並び、周辺には食事処も多い。箱根各地へのアクセスも便利。

観光のポイント 箱根強羅公園のローズガーデンも見逃せない

箱根山中腹の斜面に位置する温泉街
宮ノ下　➡ P.40
みやのした

箱根登山鉄道の沿線、山の斜面を上っていく途中の温泉街。レトロな商店街を歩いたり、緑の中を散策したり、ゆるやかな時間の流れに浸りたい。

↑箱根湯本駅から箱根登山鉄道で約30分、宮ノ下駅がこのエリアの拠点

観光のポイント　温泉街散歩なら宮ノ下へ。歴史のあるレトロなショップやおしゃれなレストランを巡るのが楽しい

ススキの草原が広がる高原
仙石原　➡ P.70
せんごくはら

金時山の裾野に広がる自然豊かなエリア。秋には一面金色に染まるススキの名所として知られる。個性的で見どころたっぷりの美術館も点在する。

↑黄金色の絨毯のようなススキ草原は圧巻

観光のポイント　美術館めぐりの合間には併設のカフェやレストランでひと休み

↑大空と山々、野外彫刻が織りなす彫刻の森美術館の世界

いまだ噴き上がる噴煙に自然の力を実感
大涌谷　➡ P.64
おおわくだに

箱根火山のエリア内最大の噴気地帯。活発に噴出する蒸気(火山性ガス)が箱根火山に秘められたエネルギーを物語り、その驚異と雄大さを目の当たりにできる。

観光のポイント　一帯を散策しながら火山活動を見学。入山規制の最新の情報を要確認

↑ガス濃度によっては立ち入り禁止の場所もある

美景と九頭龍伝説が残る神秘の湖
芦ノ湖周辺　➡ P.50
あしのこしゅうへん

箱根の大自然に囲まれた湖でクルーズが楽しめるほか、湖畔にはリゾート施設や、パワースポットとして名高い神社もある。絶景を巡るドライブもおすすめ。

観光のポイント　天気の良い日を狙い、湖畔のカフェで芦ノ湖の絶景を楽しみたい

↑箱根・芦ノ湖展望公園から芦ノ湖を見晴らす

箱根湯本・塔之沢

江戸時代の「箱根越え」に思いを馳せる
箱根旧街道・畑宿　➡ P.60
はこねきゅうかいどう・はたじゅく

江戸時代に整備された石畳の道が今も残されており、往時の旅人気分が味わえる旧街道は人気のハイキングコース。完全復元された箱根関所も迫力がある。

観光のポイント　旧街道ウォーキングは無理のない行程で。周辺には休憩スポットも

↑杉に覆われた並木道には凛とした空気が漂う

観光客で最も賑わう、箱根の玄関口
箱根湯本・塔之沢　➡ P.72
はこねゆもと・とうのさわ

箱根湯本駅の駅前通りには、みやげ探しや食べ歩きに最適な店が集中。この一帯は標高が高くないので、高地と行き来する際には気温の差を念頭に入れたい。

観光のポイント　ショッピングやグルメを堪能したら、日帰り湯に立ち寄ってリフレッシュを

↑旅館を改装した「弥次喜多の湯」をはじめ、日帰り入浴施設も充実

↑箱根ロープウェイに乗ると大涌谷一帯を上空から見下ろせる

13

旅のきほん 2

乗り物を楽しみながら
箱根を移動する

乗り物の種類が多いのが箱根の特徴。
移動手段としてだけでなく、乗ること自体を楽しみたい。

　箱根内の移動手段は多彩だ。山岳鉄道である箱根登山電車やケーブルカーが急坂を上り、ロープウェイが山の斜面を行き来する。芦ノ湖では何種類もの観光船が行き交っている。これらの乗り物は移動の手段ではあるが、乗ること自体がエンターテインメントでもある。

路線バスは2社が運行

　箱根全域を網羅しているのは路線バスだ。運行しているのは小田急系の箱根登山バスと、西武系の伊豆箱根バスの2社。ほぼ全域をカバーしているのが箱根登山バスで、箱根園にアクセスできるのは伊豆箱根バスのみ。箱根登山バスに乗れるのは「箱根フリーパス」、伊豆箱根バスに乗れるのは「箱根旅助け」と、便利なフリーパスも2社で利用できる交通機関が異なるので注意が必要だ。旅の目的地、ルートによって上手に選択したい。

小田急のゴールデンルートで箱根一周

　乗り物を楽しむプランとして小田急系の「ゴールデンルート」がある。箱根湯本駅を出発点に、箱根登山電車、箱根登山ケーブルカー、箱根ロープウェイを乗り継ぎ、強羅、大涌谷などの主要観光地を巡って桃源台へ。桃源台港から箱根海賊船に乗って芦ノ湖をクルーズ。元箱根からは路線バスで箱根湯本に戻るという、箱根を一周するルートだ。新宿や小田原などからの小田急線往復も含めてすべて「箱根フリーパス」が利用できる。

仙石原、箱根園へのアクセス

　仙石原を巡る場合は利用できる交通機関はバスのみ。路線バスでもいいが、強羅を起点にポーラ美術館、箱根ラリック美術館、箱根湿生花園などの主要観光スポットを循環している「観光施設めぐりバス」が便利。「箱根フリーパス」が利用できる。

　箱根園や駒ヶ岳を目指すなら、伊豆箱根バスでアクセス。箱根 駒ヶ岳ロープウェー、箱根芦ノ湖遊覧船といった西武系の乗り物でプランを立てよう。

14

旅のきほん 3

催される行事や季節ごとの魅力が箱根にあふれている
箱根トラベルカレンダー

1200年もの歴史を持つ日本屈指の温泉観光地・箱根。数々の伝統行事や四季の景色の移ろいも見どころだ。高地特有の気候を念頭に入れてから出発したい。

1月	2月	3月	4月	5月	6月
年始の箱根駅伝に全国が注目。現地で沿道から応援するのもおすすめ。	雪が積もった場合、交通規制やロープウェイ運休が心配されることも。	まだ積雪には気を抜けないが、ススキ草原山焼きは春を告げる風物詩。	各地で桜が満開に。箱根園など、下旬まで花見が楽しめる名所もある。	GWの連休が明ける頃には、新緑とツツジの美しい季節が訪れる。	中旬頃には標高の低いところからアジサイが開花し、雨の季節を彩る。

- ● 月平均気温（℃）
- ■ 月平均降水量（mm）

気温：1.5 / 1.5 / 4.7 / 8.6 / 13.7 / 17.8
降水量：47.5 / 175.5 / 297.0 / 185.0 / 171.0 / 530.0

- 標高が高い場所は気温が特に低く、マフラーや手袋など本格的な寒さ対策が必須
- 箱根湯本付近は標高が低いので、雪が降ることは少ない
- 寒い日も多く、寒暖の差も大きいので、春用のコートや羽織るものが欲しい
- 夏に向かって湿気が多くなるにつれ、富士山を見晴らせる機会が少なくなる

2・3日
東京・箱根間往復大学駅伝競走
関東学連加盟大学が読売新聞東京本社ビル前〜芦ノ湖間を往復し競う。テレビ放映で全国のお茶の間が注目する、通称「箱根駅伝」。

5日
芦ノ湖湖水開き
湖の安全を祈願し、芦ノ湖上を神官が水上スキーで祓い清めたあと、神事に参加した若者たちが水上スキー初滑りを行う。

↑桜

2日
箱根神社節分祭奉祝花火大会
箱根神社の節分祭の前夜に、元箱根湾で花火大会を開催。一年で最も空気が澄んだ時季ならではの花火がひときわ美しい。
※開催については未定。HPなどで要確認

3日
箱根神社節分祭追儺式
境内での豆まきのほか、水上スキーで逃げる鬼を船が追う「湖上鬼追い」を実施。揚げたてのワカサギの無料振る舞いもある。

27日
仙石原湯立獅子舞
仙石原諏訪神社で湯立獅子舞を奉納。獅子が行う湯掛けの儀で湯の花がかかった人は一年間無病息災で過ごせるという。

16・17日頃
大平台温泉まつり
しだれ桜が満開の大平台・山神社で、日照りでも涸れることのない清水と温泉に感謝を祈念し、御輿が町内を練り歩く。

中旬〜下旬
箱根園さくらまつり
芦ノ湖湖畔のオオシマザクラは中旬〜下旬が見頃。期間中は箱根園の各所で、桜にちなんだイベントが開かれる。※2021年は中止

↑ツツジ

5日
公時（きんとき）まつり
金太郎のモデル・坂田金時を祀る仙石原の公時（金時）神社で、子どもの健康や家内安全を祈願して湯立獅子舞を奉納。

13日
九頭龍神社本宮例祭
九頭龍神社本宮の最も重要な祭り。湖に御供を捧げる湖水神事が行われる。（毎月13日に行う祭典は月次祭と呼ばれる）

中旬〜7月上旬
あじさい電車
この時季の箱根登山電車は、車窓から沿線のアジサイを楽しめる。夜間はアジサイが幻想的にライトアップされる地点もある。

↑アジサイ

桜　3月下旬〜5月上旬
ツツジ　4月下旬〜5月下旬

↑箱根から芦ノ湖と冬富士を望む

↑箱根強羅夏まつり大文字焼き

↑黄金に輝く秋のススキ草原

↑箱根神社の雪景色

7月	**8月**	**9月**	**10月**	**11月**	**12月**
標高の高いところまでアジサイが見頃を迎え、上旬まで楽しめる。	高地では暑さを心配せず快適に過ごせる。一年で最も賑わう時季。	秋に向け、金色に染まり始めるススキが緑とのコントラストを見せる。	秋雨が多い。一気に秋いて気温が下がり、高地ではひと足早い紅葉が。	一面黄金色のススキや紅葉を目当てに、8月に次いで観光客が多い。	冬が到来。積雪は少ないものの、路面の凍結には気をつけたい。

グラフ: 21.3（7月）, 21.5（8月）, 17.8（9月）, 13.7（10月）, 9.7（11月）, 2.7（12月）

降水量: 93.5, 213.0, 147.5, 473.0, 139.0, 100.5

高原エリアの朝晩は肌寒いので、長袖や上着があると安心。日焼け対策も万全に

箱根湯本など標高が低い場所は、東京と変わらない暑さなので注意

夜は冷え込むので、温泉で温まったあとでも油断しないように

明け方は0℃近くなる日も。セーターやジャケットでしっかり寒さ対策を

31日
湖水まつり
芦ノ湖各所で連夜花火が打ち上がる「芦ノ湖夏まつりウィーク」のオープニング。夜は芦ノ湖元箱根湾上で灯籠流しののち花火大会が始まり、夏の夜空を彩る。

1日
箱根神社例大祭
古くは、源頼朝や徳川家康などが崇敬した箱根神社の最も重要な祭り。夜は芦ノ湖元箱根湾湖上で花火大会が開催される予定。

16日
箱根強羅夏まつり 大文字焼き
明星ヶ岳の山腹に巨大な「大」の字形の送り火が焚かれるほか、花火も打ち上げられる。箱根の夏を彩る一大イベント。

9日
湯本熊野神社祭
箱根最古の源泉「惣湯」が社殿下にある湯本熊野神社で、温泉分湯授与式や湯汲神事を行い、温泉に感謝する祭り。

彼岸の前後
正眼寺 襖絵と地蔵菩薩公開
箱根町湯本の正眼寺で本堂の襖絵と、歌舞伎の仇討ち物で知られる曾我兄弟を写したと伝わる2体の地蔵菩薩立像を公開する。

24日
箱根元宮 御神火祭・例祭
駒ヶ岳山頂に鎮まる箱根元宮の最も重要な祭り。神事でき出された御神火は、翌日に箱根全山の神社を巡行する。

3日
箱根大名行列
伝統的な箱根大名行列を再現。箱根湯本温泉郷の旧東海道や温泉街を、約6kmにわたって盛大に練り歩く。

↑紅葉

11月1日〜12月25日
クリスタルガラスのクリスマスツリー
箱根ガラスの森美術館ではクリスタルガラスをまとった美しい大小2本のツリーが陽光にきらめく。夜間はライトアップも実施予定。

31日
師走大祓
箱根神社で、半年間の罪穢を祓い清める神事。茅の輪くぐり神事も行われる。

↑ススキ

アジサイ 6月中旬〜7月上旬
ススキ 9月中旬〜11月中旬
紅葉 10月中旬〜12月下旬

※日程は変動することがありますので、事前にHPなどでご確認ください。

プレミアム滞在 モデルプラン
箱根 おとなの2泊3日

自然の息吹が感じられる大涌谷の噴煙や、神聖なパワースポットを訪れ、絶景に感動。歴史を刻んだレトロな街並みを歩き、受け継がれた手仕事を体験する。そして何より、温泉に癒やされたい。

↑朱い灯籠が並ぶ箱根神社の参道は、木々に囲まれ神秘的な空気が漂う。ゆったりとした気持ちで歩けば、身も心も浄化される

神々が宿る地をたどり、絶景に感動
地球の内部から沸き立つエネルギーと古の息づかいを感じる。

1日目

9:00 箱根湯本駅
約50分
箱根湯本駅から箱根登山電車で37分。強羅駅で箱根登山ケーブルカーに乗り換え10分、早雲山駅下車

10:15 箱根ロープウェイ
約25分
早雲山駅から箱根ロープウェイで24分、桃源台駅下車。桃源台港まで徒歩すぐ

10:50 箱根海賊船
約50分
桃源台港から箱根海賊船で35分、元箱根港で下船。箱根神社まで徒歩12分

13:00 箱根神社
約30分
箱根神社から旧街道杉並木まで徒歩30分

14:30 箱根関所
約60分
箱根関所跡バス停から箱根登山バスで25分。宮ノ下駅で箱根登山電車に乗り換え26分、箱根湯本駅下車

16:30 箱根湯本駅

箱根の絶景といえば芦ノ湖と富士山

ロープウェイで大涌谷を観察する

強風にも耐えられるゴンドラで芦ノ湖へ移動 →

箱根ロープウェイ →P.68
はこねロープウェイ
富士山や芦ノ湖などの大パノラマを望みつつ、空中散歩が楽しめる。

噴煙が上がる様子を真上から見学できる

大涌谷 →P.64
おおわくだに
箱根山の火山活動によりできた景勝地。名物の黒たまごは必食。

ユニークな 観光船 で芦ノ湖を渡る

箱根海賊船 ➡ P.50
はこねかいぞくせん

桃源台港と箱根町港、元箱根港の3つの港を結ぶ観光船。さまざまなモチーフの装飾を見学するのも楽しい。

湖上から箱根神社を望む

3種類の海賊船がある

荘厳な 箱根神社 の境内を散策

箱根神社 ➡ P.56
はこねじんじゃ

箱根の山岳信仰の中心として開かれ、開運や縁結びのご利益がある。心身を清めてからお参りしよう。

境内に湧く龍神水

朱塗りの権現造りの御社殿

プランニングのアドバイス

箱根登山電車から箱根登山ケーブルカー、箱根ロープウェイを乗り継ぎ、箱根の主要スポットを巡る。移動中も車内から絶景を望める場所が多いので、車窓に注目しながら移動を楽しもう。ロープウェイは途中下車し、遊歩道を歩いて下るのもおすすめ。芦ノ湖は箱根 芦ノ湖遊覧船に乗り、箱根園に立ち寄るのもいい。箱根旧街道の雰囲気をもっと味わいたいなら、元箱根のバス停からバスで畑宿方面に行き、そこから箱根関所まで歩いて行くこともできる。

食事のプラン

芦ノ湖周辺には食事処が点在し、芦ノ湖の眺望が楽しめるレストランも多い。昼は元箱根港近くの、「La Terrazza 芦ノ湖」(P.52)か「ティーラウンジ 季節風」(P.53)、「プレミアムショップ&サロン・ド・テ ロザージュ」(P.53)などがおすすめ。夜は箱根町港か箱根湯本駅周辺の名店に行きたい。

鬱蒼とした 杉並木 を歩いて 箱根関所 へ

旧街道杉並木 ➡ P.62
きゅうかいどうすぎなみき

樹齢400年近くの大木が並ぶ杉並木は、ハイキングコースとして人気。江戸時代の旅人に思いを馳せつつ歩きたい。

涼しく静かな道が続く杉並木入口

箱根関所 ➡ P.60
はこねせきしょ

江戸時代に置かれた交通の要所。建物が復元され、当時の関所の様子を知ることができる。

レトロな街並み散歩と高原美術館巡り

歴史が色濃く残る宮ノ下周辺を散策し、数々の芸術作品にふれる。

歴史ロマンあふれる 宮ノ下 を歩く

|9:30| 箱根湯本駅

約30分
箱根湯本駅から箱根登山電車で26分、宮ノ下駅下車。セピア通りまで徒歩すぐ

|10:00| 宮ノ下

約30分
宮ノ下駅から箱根登山電車で11分。強羅駅で箱根登山バスに乗り換え13分、ポーラ美術館バス停下車、徒歩すぐ。ポーラ美術館から箱根ラリック美術館は箱根登山バスで8分

|13:30| 仙石原

約45分
仙石原案内所前バス停から箱根登山バスで15分。宮ノ下駅で箱根登山電車に乗り換え26分、箱根湯本駅下車

黄金色に輝く
仙石原のススキ草原

|17:30| 箱根湯本駅

セピア通り ➡P.41
セピアどおり

かつて外国人観光客で賑わったノスタルジックな通り。ヴィンテージ品や昔ながらの名物菓子をおみやげに。

Café de motonami ➡P.118
カフェドモトナミ

宮ノ下を代表するカフェ。コーヒーと和スイーツでちょっと休憩。ランチタイムに訪れるのもおすすめ。

プランニングのアドバイス

宮ノ下では富士屋ホテル周辺の小道を散策するなど、深い歴史を感じたい。仙石原には箱根ガラスの森美術館（P.93）や星の王子さまミュージアム（P.94）などさまざまな美術館が点在するので、時間があればいろいろと訪れよう。季節によっては、仙石原のススキ草原（P.28・70）や箱根湿生花園（P.71）に立ち寄るのもいい。

食事のプラン

「鮨みやふじ」（P.45）の元祖アジ丼など、宮ノ下にはランチにぴったりな名物メニューがある食事処（P.44）が多い。美術館内のレストランはテラス席もあるので、晴れた日におすすめだ。

仙石原 の美術館で名画と工芸品を鑑賞

ポーラ美術館 ➡P.90
ポーラびじゅつかん

収蔵作品点数は約1万点。レストランやミュージアムショップも充実している。

モネやルノワールなどの作品が見られる

箱根ラリック美術館 ➡P.91
はこねラリックびじゅつかん

ルネ・ラリックのジュエリーやガラス作品が常時230点ほど並ぶ。緑あふれるガーデンやカフェはリゾートホテルのよう。

3日目

箱根の伝統工芸品とアクセサリー制作体験
寄木細工の技法を学び、世界にひとつの作品を手に入れる。

9:00 箱根湯本駅
↓ 約20分
箱根湯本駅から箱根登山バスで15分、畑宿バス停下車。畑宿寄木会館まで徒歩3分

9:30 寄木細工
↓ 約60分
箱根登山バスで箱根湯本駅に戻り、箱根登山電車で37分、強羅駅下車。箱根強羅公園まで徒歩8分

13:30 箱根強羅公園
↓ 約40分
強羅駅から箱根湯本駅に戻る。箱根湯寮まで送迎バスで3分

強羅公園のローズガーデン

16:00 日帰り湯
↓ 約5分
箱根湯本駅まで送迎バスで3分

17:30 箱根湯本駅

寄木細工 のコースター作りに挑戦する
畑宿寄木会館 ➡ P.99
はたじゅくよせぎかいかん

寄木細工の作品を展示・販売する。工芸体験のほか、道具の展示や職人による実演コーナーもあり、寄木細工について、詳しく学べる。

好きな木材のパーツを組み合わせて作る

材料はセットになっていて気軽に体験できる

オリジナルの アクセサリー を作る
箱根強羅公園 ➡ P.48
はこねごうらこうえん

季節の花が彩る公園。箱根クラフトハウスのとんぼ玉工作室では、自分だけのオリジナルアクセサリーを作ることができる。ほかにもさまざまなものづくりが体験できる。

世界各地のヴィンテージビーズなどを使用する

キーホルダーやブレスレット、ピアスなどが作れる

箱根湯本の 日帰り湯 でまったりと
箱根湯寮 ➡ P.76
はこねゆりょう

19室の貸切風呂には、陶器や御影石の湯船などさまざまなタイプがあり休憩室も付く。大浴場には広々とした露天風呂もあるので、好みの風呂でのんびり過ごしたい。

プランニングのアドバイス
畑宿には寄木細工に関する施設や店が多い。いろいろと見比べながら作品を購入するのもいい。また、箱根強羅公園（P.48）では、とんぼ玉や吹きガラスなどの工芸体験もできる。箱根湯本周辺は日帰り湯が点在するので、絶景露天風呂やにごり湯などお好みで。

食事のプラン
ランチは箱根強羅公園のカフェ「Cafe Pic」（P.49）かサンドイッチ専門店「一色堂茶廊」（P.49）で手軽に。ディナーは箱根湯本の高級店で贅沢にいただくのもいい。

❖ HAKONE NEWS & TOPICS

ニュース＆トピックス

2019年の台風被害で運休していた箱根登山鉄道が2020年7月に全線復旧。ようやく箱根に日常が戻ってきた。そんななかで新規オープンした数々の施設をご紹介しよう。

`2020年7月オープン`

真正面に明星ヶ岳を望む眺望抜群のテラス。足湯に浸かってひと休み

丹那牛乳を使用した、濃厚仕立ての箱根の杏仁豆腐5個入り450円

標高約757mの早雲山駅に **cu－mo箱根** がオープン!!

箱根ロープウェイと箱根登山ケーブルカーが接続する早雲山駅に、新施設が誕生。足湯に浸かりながら箱根外輪山が一望できるテラスのほか、カフェやショップなど、乗り換えの合間に立ち寄りたいスポットだ。

cu－mo箱根
クーモはこね
強羅 MAP 付録P.8 A-2
☎0460-87-7560　所箱根町強羅1300　営展望テラス9:00～17:00、ショップ9:00～17:30、足湯9:00～16:00、カフェ10:00～16:30
休無休　交箱根登山ケーブルカー・早雲山駅直結　P105台

ふわふわの生地としっとりしたクリームが絶妙な組み合わせ。くもばん250円（左）。雲のような姿をしたスムージー、ニューベル750円（右）

インスタ映え間違いなし　箱根スイーツ のニューフェイス!!

箱根スイーツコレクションで腕とアイデアを競い合っているだけあって、箱根のスイーツはレベルが高い。おみやげにもぴったりのニューフェイスをご紹介。

箱根チーズテラス
はこねチーズテラス　`2019年7月オープン`

地元で生産された牛乳を原料としたカップ入りバスクチーズケーキの専門店。トッピングに用意された岩塩、ブラックペッパー、醤油パウダーが意外にも絶妙な味わいを引き出す。

芦ノ湖周辺 MAP 付録P.14 B-2
☎0460-83-9007　所箱根町元箱根54
営10:00～16:00　休不定休　交箱根神社入口バス停から徒歩1分　Pなし

プレーン399円、いちご、抹茶各432円。どれもしっとり濃厚

城下町ぷりん 箱根湯本店 春風楼
じょうかまちぷりん はこねゆもとてん しゅんぷうろう

小田原近郊でとれる野菜や果物を使ったプリンや焼き菓子などが店内に並ぶ。一番人気は少し硬めで懐かしい味わいの「昔ぷりん」。ドリンクスタンドではわらび餅ドリンクなどの販売も。

箱根湯本 MAP 付録P.17 E-2
☎070-1313-1578　所箱根町湯本692-7
営10:30～18:30 土・日曜、祝日10:00～17:30
休無休　交箱根登山鉄道・箱根湯本駅から徒歩4分　Pなし

昔ぷりん410円。卵のような器がキュート。スポイトに入れた自家製カラメルはお好みで

`2020年3月オープン`

箱根てゑらみす
はこねてらみす　`2020年6月オープン`

かわいいボトル入りティラミスは、じっくり焙煎してていねいに抽出したエスプレッソと、まろやかな北海道のマスカルポーネを使用しており口当たりがなめらか。おみやげにも好評だ。

箱根湯本 MAP 付録P.17 F-1
☎0460-85-5893　所箱根町湯本706-7　営10:00～17:00　休水曜（祝日の場合は営業）　交箱根登山鉄道・箱根湯本駅から徒歩2分　Pなし

ティラミス プレーン420円。ほかに抹茶、苺、ブランデーなどがある（450～500円）

ティラミスソフト500円も人気

ラグジュアリーな ホテル&リゾート が次々とオープン!!

全室に温泉露天風呂を完備したり、各部屋が独立したヴィラタイプが登場したり、プライベート滞在を重視したリゾートが主流。贅沢な非日常を味わえること請け合いだ。

リビングルームも備わったプレミアスイート。天然温泉の露天風呂付き

ホテルインディゴ箱根強羅
ホテルインディゴはこねごうら

その土地ならではのカルチャーをデザインに反映するホテルインディゴ。箱根伝統の寄木細工の意匠を随所に取り入れ、レストランでも地元の食材を生かした料理を提供する。

強羅 **MAP** 付録P.8 C-1　2020年1月オープン
☎0460-83-8310
所 箱根町木賀924-1　交 宮城野橋バス停から徒歩2分/JR・小田急・小田原駅から無料シャトルバスあり
P 46台　in 15:00　out 11:00
室 98室　予約 1泊2食付平日6万2000円～、祝前日8万2000円～

ディナーに提供される足柄牛フィレの料理。じっくりと味わいたい

箱根 ゆとわ
はこねゆとわ　2019年8月オープン

ウッドデッキと足湯を備えたスパラウンジ・ナカニワ、蔵書700冊のライブラリーラウンジなどパブリックスペースが充実。客室はコンドミニアムタイプも用意。料金はオールインクルーシブを採用しており、新しい滞在スタイルを提案する。

強羅 **MAP** 付録P.16 C-2
☎0460-82-0321
所 箱根町強羅1300-27　交 箱根登山鉄道・強羅駅から徒歩5分　P 42台
in 15:00　out 10:00　室 72室
予約 1泊2食付平日1万7150円～、祝前日2万2150円～

スパラウンジ・ナカニワ。足湯もある

ライブラリーラウンジ。新しい本との出会いがあるかも

箱根・強羅 佳ら久
はこね・ごうらからく

全客室に専用の温泉露天風呂を備えるだけでなく、展望露天風呂や多彩な貸切風呂が揃い、名湯を存分に堪能できる。客室からの眺望も素晴らしく、贅沢な滞在が可能だ。

強羅 **MAP** 付録P.8 C-1　2020年10月オープン
☎0460-83-8860
所 箱根町強羅1300-8　交 箱根登山鉄道・強羅駅から徒歩3分　P あり
in 15:00　out 11:00　室 70室
予約 露天風呂付デラックスルーム 1泊2食付5万600円～

岩の湯などゆったりとした貸切風呂が3タイプ

東棟最上階の特別室「佳ら久ルーム」

箱根リトリートvilla 1/f
はこねリトリートヴィラワンバイエフ

広大な森に囲まれて11棟のヴィラが立つ。木のぬくもりがあふれる造りで、全室に温泉が完備。デッキテラス付きなどタイプはさまざま。ファミリーやグループ利用にもおすすめだ。

仙石原 **MAP** 付録P.5 E-3
☎0460-83-9090
所 箱根町仙石原1286-116　交 俵石・ガラスの森バス停から徒歩5分
P 45台　in 15:00　out 12:00
室 11棟　予約 1泊2食付平日4万8000円～、祝前日5万4600円～

広いウッドデッキがある4ベッドスイート

木目がやさしい大浴場も備わっている

2019年4月リブランドオープン

HAKONE NICA
ハコネニカ　2020年11月オープン

全8室の客室には源泉かけ流しの半露天風呂が付くスモールラグジュアリーな宿。さらにワインや日本酒など好みのお酒を持ち込むことができ、シェフがそのお酒に合わせたフュージョン料理を提供してくれるという贅沢な体験ができる。

強羅 **MAP** 付録P.9 D-1
☎0460-85-0880
所 箱根町宮城野1358-35　交 宮城野営業所前バス停から車で5分（無料送迎あり）　P 8台　in 15:00
out 12:00　室 8室　予約 1泊2食付平日6万円～、祝前日7万7000円～

客室は落ち着いた色調でデザインされている

全客室に完備された源泉かけ流しの半露天風呂

旅に彩りを添える季節の色彩

箱根 変幻の四季

春 花が華やかに咲き競う

箱根で特に有名な季節の名所といえば、小田急 山のホテルのツツジ、箱根登山鉄道沿線のアジサイ、仙石原のススキ草原。いずれも、その規模がすごい。広大な面積を埋め尽くす季節の色は迫力満点だ。

小田急 山のホテル ➡P.128
おだきゅう やまのホテル
芦ノ湖周辺 MAP 付録P.14 A-2

岩崎男爵別邸だった時代から植えられているツツジ。約70品種、3000株もの花が咲き誇る。

広大な庭園をツツジが埋め尽くす

特集●箱根 変幻の四季

川沿いの桜並木は絶好のお花見ポイント

桜まつりの期間中にはライトアップされ幻想的な姿を見せる

ホテルラウンジの前からはツツジ越しに富士山が望める

宮城野早川堤
みやぎのはやかわつつみ

強羅 MAP 付録 P.8 C-1

早川沿いを600mにわたりソメイヨシノの桜並木が続く。国道138号沿いにはしだれ桜が咲く場所もある。

所 箱根町宮城野626-11
交 箱根登山鉄道・強羅駅から徒歩20分

箱根園 ➡ P.54
はこねえん

芦ノ湖周辺 MAP 付録 P.12 C-3

4月中旬から下旬にかけて咲く湖畔の一本桜は、5本の幹が寄り添って1本となったもので、満開時には見事な景観に。箱根園のシンボルのような存在。

高さ12m、周囲70mの巨大な桜の木は樹齢約100年

芦ノ湖畔に咲く一本桜

春

夏
鮮やかな緑が美しい

標高が高くなるほどアジサイの開花時期も遅くなる

特集●箱根 変幻の四季

車窓から眺めるアジサイの大輪の花

箱根登山電車 → P.66
はこねとざんでんしゃ

MAP 付録 P.16 C-1

アジサイの時期には「あじさい電車」とも呼ばれる鉄道。車窓に触れるほど近くに咲き誇る。

絨毯を広げたような苔

箱根美術館 ➡ P.94
はこねびじゅつかん
強羅 MAP 付録 P.16 A-2
約130種類の苔が植えられた苔庭に散策路が続く。苔の種類の多さは日本一といわれる。

苔の緑に深みが増す梅雨の時期は特に神秘的だ

夏

6〜7月にかけて80種類、約1000株ものアジサイが開花する

住職が丹精込めたアジサイ

阿弥陀寺 ➡ P.72
あみだじ
塔ノ沢 MAP 付録 P.11 D-1
「あじさい寺」とも呼ばれる山寺。3月には樹齢250年の椿も見事な花を咲かせる。

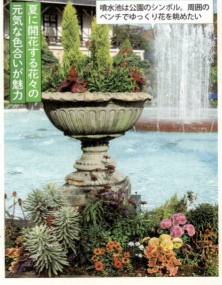

夏に開花する花々の元気な色合いが魅力

噴水池は公園のシンボル。周囲のベンチでゆっくり花を眺めたい

箱根強羅公園 ➡ P.48
はこねごうらこうえん
強羅 MAP 付録 P.16 B-2
噴水池周りの草花は季節ごとに植え替えられる。

特集 ● 箱根 変幻の四季

静かな紅葉の穴場

自分に似ている仏さまが見つかるという五百羅漢像

長安寺 ちょうあんじ
仙石原 MAP 付録P.5 D-2
喜怒哀楽が豊かな五百羅漢像とそれらを取り囲む紅葉が有名。お寺の静謐な空間を散策したい。
☎非公開　所箱根町仙石原82
交仙石バス停から徒歩3分

赤や黄色、オレンジ色に染まったモミジが美しい

箱根一との呼び声も高い紅葉

箱根美術館 ➡ P.94
はこねびじゅつかん
強羅 MAP 付録P.16 A-2
200本以上のモミジが植えられた庭園。茶室で一服しながら庭園を眺めるのも風情がある。

秋
心に染み入る季節

一面に広がるススキの黄金の穂

仙石原のススキ草原 ➡ P.70
せんごくはらのススキそうげん
仙石原 MAP 付録P.4 C-4
大人の背丈ほどもあるススキが草原を埋め尽くす。日差しを浴びてきらきらと輝く穂が美しい。

かながわの景勝50選などにも選ばれている有名スポットだ

冬 寒さ厳しい氷の世界

湖と山々が白く染まる

芦ノ湖 ➡P.50
あしのこ

芦ノ湖周辺 MAP 付録P.12 B-4

静かに雪が降り積もる芦ノ湖。空気が澄んでいるので雪化粧をした富士山もよく見える。

> 天気の良い日には湖面に逆さ富士が映ることも

精進池
しょうじんがいけ

芦ノ湖周辺 MAP 付録P.13 F-3

標高874mの地点にある小さな池。冬季には一面に氷が張り、真っ白に染まる。

所 箱根町元箱根
交 六道地蔵バス停からすぐ

> 池の周囲には重要文化財に指定された石仏群がある

大蛇伝説が残る池

写真協力：箱根全山

大涌谷 ➡P.64
おおわくだに

大涌谷 MAP 付録P.7 E-3

真っ白な雪から噴煙が上がる様子を見ることができる。火山活動が今も続く大涌谷ならではの景色だ。

神秘的な白い世界

> 標高1044m。自然の力がひしひしと感じられる光景だ

秋／冬

特集 ● 箱根でスペシャルな滞在

贅沢なプライベート空間を求めて
箱根で
スペシャルな滞在
Hotels in Hakone

豊かに湧く名湯に浸かり、ただ緑を眺める。
鳥のさえずり、木々の葉ずれの音しかしない静寂の時。
大人の休日にふさわしい極上の宿で、特別な一日を。

箱根の歴史がギュッと詰まった特別な宿
富士屋ホテルで
ラグジュアリーな一日
一度は泊まってみたい、風格あるクラシックホテル。
館内を見学するだけでも一見の価値あり。

箱根を代表する老舗ホテル
風格ある建物も必見
富士屋ホテル
ふじやホテル

明治11年（1878）、日本初の本格的リゾートホテルとして箱根・宮ノ下で創業、箱根の象徴的存在として歴史を刻んできた。2020年7月、2年以上におよぶ大改修を終えて再オープン。重厚感のあるロビーやクラシカルな装飾はそのままに、懐かしさと快適さを兼ね備えたホテルとして生まれ変わった。

HOTEL DATA

☎0460-82-2211　宮ノ下 MAP 付録P.16A-3
所 箱根町宮ノ下359　交 箱根登山鉄道・宮ノ下駅から徒歩7分　P 112台
in 15:00　out 11:00　室 本館12室、西洋館21室、花御殿40室、フォレスト・ウイング47室　料金 1泊2食付3万7400円〜、1泊朝食付2万5300円〜、素泊まり2万2000円〜　※入湯税は別途

FACILITY

プール	屋内プール＆ジム「マーメイド」：天然温泉を使用、フィットネスマシン4台
レストラン	「メインダイニングルーム・ザ・フジヤ」「旧御用邸 菊華荘」「レストラン・カスケード」「バー・ヴィクトリア」「ラウンジ」
その他	エステサロン「禅」、ホテルミュージアム

温泉 DATA

風呂数	半露天風呂：2、内湯：2	泉質	ナトリウム塩化物泉

1. 本館ロビーのカウンターや階段は昔のままの重厚感を漂わせる
2. 本館の客室 ヒストリックジュニアスイート
3. 西洋館の客室 ヒストリックデラックスハリウッドツイン
4. 社寺建築を思わせる瓦葺屋根と唐破風の玄関が特徴の本館は登録有形文化財に登録されている
5. 花御殿地下1階にある温泉プール

ホテルグルメ PICK UP

メインダイニング「ザ・フジヤ」で洗練されたフレンチを

創業当時のレシピを受け継ぐクラシックスタイルのフレンチが味わえる。日本アルプスの高山植物636種が描かれた天井や、欄間、柱の彫刻など、装飾にも注目だ。

富士屋ホテルでラグジュアリーな一日

※宿泊料金は、「1泊2食付」「1泊朝食付」「素泊まり」については、特記のない場合、1室2名で宿泊したときの1名分の料金です。

客室10室ほどのこぢんまりした宿
小さな隠れ家宿で くつろぎステイ

休日を静かに、気兼ねなく過ごしたいときにおすすめ。小規模ならではのホスピタリティにも期待できる。

特集●箱根でスペシャルな滞在

RELAXATION
主なスパメニュー
- フルボディコース 90分1万6500円
- フェイシャル&デコルテ 90分1万700円
- ボディ・フェイシャル&デコルテ 90分1万800円

ココシェニック アロマサロン ◎15:20〜16:50、17:00〜18:30、10:15〜11:45、12:00〜13:30

温泉 DATA
風呂数	露天風呂:0、内湯:0、貸切風呂:0 ※全客室に露天風呂完備
泉質	塩化物泉（弱アルカリ性）

1. グラン・スイートの客室「ラ・ロマネ」は天空露天風呂と檜の内風呂付き 2. プリュミエスイートはリビング、寝室、和室からなる 3. 夕食は極上の眺めを楽しめるダイニングで新感覚の懐石料理を 4. アロマサロンでは、オリジナルのマッサージオイルで憩いの時を 5. 食事メニューでは、やわらかくジューシーなローストビーフが絶品 6. 全5室のスイートは63〜74㎡の広さ。箱根の山々を望む開放的なバルコニーが付く

1 静寂のなか、檜の露天風呂で憩う 1日8組限定の箱根の隠れ家
箱根 時の雫
はこね ときのしずく

宮ノ下 MAP 付録P.9 D-3

宮ノ下の高台に建つ癒やしの宿。全8室の客室はすべて檜造りの専用露天風呂が付くスイート仕様。グラン・スイートは200㎡もの広さで、箱根の自然に抱かれる天空露天風呂が付く。旬の食材を最高のおいしさで供する食事 "和のオーベルジュ" も宿の自慢だ。アロマサロンやシガーバーもある。

HOTEL DATA
☎0460-82-4343
所 箱根町宮ノ下416
交 箱根登山鉄道・宮ノ下駅から徒歩25分（宮ノ下駅から送迎バスあり） P 30台
in 15:00 out 12:00 室 8室
予算 1泊2食付スイート3万5200円〜、プリュミエスイート3万9600円〜、グラン・スイート5万2800円〜

湯本から近い立地でありながら緑豊かで静かな宿

静観荘
せいかんそう

箱根湯本 MAP 付録P.11 D-3

湯坂山を望む5つの部屋にはテラスに露天風呂が付き、絶景を楽しみながら湯浴みが可能。旧東海道側の4部屋は、中庭に専用露天風呂がある。琉球畳を敷いた和モダンのしつらえの客室はシックで落ち着く。月ごとにメニューが変わる、季節感あふれる創作会席料理の食事も楽しみだ。

HOTEL DATA

☎ 0460-85-5795
所 箱根町湯本茶屋19 交 箱根登山鉄道・箱根湯本駅から徒歩20分（箱根湯本駅から湯本旅館送迎バスあり、有料） P 10台 室 9室 in 15:00 out 11:00 予 1泊2食付平日2万4750円〜・休前日4万3450円（別途入湯税150円）

温泉 DATA

風呂数 露天風呂:0、内湯:2、貸切風呂:0
※全客室に露天風呂完備
泉質 単純温泉（アルカリ性）

1. 湯坂山側の客室テラスにある露天風呂からは緑が美しい絶景が見渡せる　2. 6畳和室にダブルベッドを配したシックな「萌黄」　3. 旧東海道側の4部屋は、専用露天風呂が離れにある　4. 一品一品丹精込めて作られた創作懐石料理に舌鼓

1. 富士山・外輪山側の和洋室では、空気が澄んだ日には富士山も望める　2. 落ち着いた雰囲気の静かな宿。マタニティプランなども用意されている　3. 創作会席料理では旬の地元食材に加え、絶品の特選和牛も楽しめる　4. 全室に付く半露天風呂は檜造り。木の香りと強羅の名湯に癒やされる

空と森に抱かれる半露天風呂と極上の創作会席でおもてなし

箱根湯宿 然 -ZEN-
はこねゆやどぜん

仙石原 MAP 付録P.6 C-2

広い館内に全9室がゆったりと配され、富士山・外輪山側と森側の2タイプの眺望を持つ。全客室に付く半露天風呂には、強羅温泉の湯が源泉かけ流しという贅沢感。箱根山麓の野菜や相模湾の魚介など、地元食材が織りなす会席料理も絶品だ。

HOTEL DATA

☎ 0460-84-2400
所 箱根町仙石原1245-96 交 パレスホテル前バス停から徒歩10分（パレスホテル前バス停／箱根ロープウェイ・姥子駅から送迎あり） P 10台 in 15:00 out 11:00 室 9室 予 1泊2食付ツイン3万1000円〜、ダブル2万8000円〜

温泉 DATA

風呂数 露天風呂:0、内湯:0、貸切風呂:0
※全客室に半露天風呂完備　泉質 塩化物泉（アルカリ性、低張性、高温泉）

小さな隠れ家宿でくつろぎステイ

温泉 DATA

風呂数	露天風呂:1、内湯:1、貸切風呂:1 ※全客室に露天／半露天風呂完備
泉質	酸性泉、硫酸塩泉、塩化物泉

天然温泉かけ流しの客室露天で夢心地の大人の癒やしの時を

月の花 梟
つきのはな あうる

仙石原 MAP 付録P.5 D-3

大涌谷の白濁の名湯と創作懐石料理でもてなす宿。「七夜月」「月の雫」「花の雫」「香具夜」の4室からなる全客室が、天然温泉かけ流しの露天または半露天風呂付き。別に広い貸切風呂もあり、エステのリラクセーションメニューも豊富だ。旬の厳選食材で作る創作懐石料理も大人の旅時間を彩る。

HOTEL DATA

☎0460-84-2234
所 箱根町仙石原956-8　交 品の木・箱根ハイランドホテルバス停から徒歩3分
P 6台　in 15:00　out 10:30　室 4室
予算 1泊2食付平日2万8080円～、祝前日3万240円～（別途入湯税150円）

1.客室「月の雫」の露天風呂は、夜はライトアップで幻想的な雰囲気に　2.五感で味わう季節の懐石料理も大きな楽しみ　3.仙石原の自然に囲まれた静かな宿　4.各部屋とも、ゆったりサイズのベッドを用意

特集●箱根でスペシャルな滞在

限定9室の細やかなおもてなし大人のための非日常空間が待つ

強羅 月の泉
ごうらつきのいずみ

強羅 MAP 付録P.16 A-2

中強羅の自然に囲まれた宿。静かな敷地にたたずむのは、露天風呂付き客室9室、広い内湯、個室食事処など。和とモダンが融合したスタイリッシュな空間が心地よく、客室数を絞った温かなもてなしにくつろげる。旬の山海の幸を贅沢に使った創作懐石料理の食事はまさに至福の時。

HOTEL DATA

☎0460-82-8801
所 箱根町強羅1300-173　交 箱根登山鉄道・中強羅駅から徒歩5分　P 9台　in 15:00　out 11:00　室 9室　予算 1泊2食付特別和洋室4万円～、洋室4万円～、和室＋寝室2階3万5000円～、和室＋寝室1階3万4000円～

温泉 DATA

風呂数	露天風呂:0、内湯:2、貸切風呂:0 ※全客室に露天風呂完備
泉質	単純温泉

1.敷地に一歩入ると別世界。音や色、香りまでもが大人の休日を演出　2.緑に包まれたテラスに広い露天岩風呂を備えた客室も　3.和モダンの意匠が快適感を高める客室。高級羽毛布団でよく眠れる　4.特別和洋室は露天風呂、和室、洋室、リビングからなる贅沢な造り　5.季節替わりの創作懐石料理は、夕食・朝食ともプライベートな個室食事処で楽しめる

1. ゲストが自由にくつろげるラウンジはフリードリンク 2. 豊かな自然に抱かれているかのような風呂 3. アプローチから特別な滞在が始まる

RELAXATION
主なスパメニュー
- HARNN[Body] 30分9350円～
- SWISS PERFECTION 60分2万3650円～

各室に露天風呂を配置 絶品料理で特別な時間を
きたの風茶寮
きたのかぜさりょう

仙石原 MAP 付録P.5 D-3

全体に感じられる統一感が、オリジナルな落ち着きを演出。客室には露天風呂か展望風呂が完備され、プライバシー重視で喧騒を忘れさせてくれる。食の宝庫・北海道の食材と地元食材とのコラボによる、目に鮮やかな懐石料理が味わえる。

HOTEL DATA
☎0460-83-8526
所 箱根町仙石原934-29 交 仙郷楼前バス停からすぐ P 13台
in 15:00 out 12:00 室 10室
予算 1泊2食付3万4000円～

温泉 DATA
風呂数 露天風呂:0、内湯:0、貸切風呂:1 ※全客室に露天／展望風呂完備
泉質 硫酸塩泉、塩化物泉

『竹取物語』をコンセプトに水盤が醸す独特の浮遊感
金乃竹 仙石原
きんのたけ せんごくはら

仙石原 MAP 付録P.4 C-3

風、光、響など部屋の名前はロマンティックな一文字。『竹取物語』をコンセプトに全11室に露天風呂を配置する。各部屋から見える水盤と夜にはライトアップされる竹林とがつくる幻想的な景色は、眺めているだけで飽きない。非日常を約束する、大人のためのホテル。

HOTEL DATA
☎0460-85-9200
所 箱根町仙石原817-342
交 台ヶ岳バス停から徒歩3分 P 10台
in 15:00 out 11:00 室 11室
予算 1泊2食付4万1800円～

温泉 DATA
風呂数 露天風呂:0、内湯:0、貸切風呂:0 ※全客室に露天風呂完備
泉質 硫酸塩泉

1. 木材をふんだんに使用した和モダンながら静謐な室内 2. 素材にこだわった京懐石。お米マイスターがブレンドするご飯も自慢 3. 部屋の露天風呂から眺める仙石原の絶景

小さな隠れ家宿でくつろぎステイ

全室に専用露天風呂が付く
おこもり宿でプライベートステイ

好きなときに湯浴みが楽しめる究極の癒やし空間を提供する湯宿。人の目を気にせずゆったり過ごしたい。

和の情緒と快適性が融合
温泉旅館でアートを体感
星野リゾート　界 仙石原
ほしのリゾート　かい　せんごくはら

アトリエ×温泉旅館をコンセプトに、滞在客のアート心をくすぐる演出を施す。美しい器でいただく会席料理もそのひとつ。客室は全室露天風呂付きで、琉球畳の間とベッドを配した快適な和洋室。

HOTEL DATA
☎0570-073-011（界予約センター）
仙石原 MAP 付録P.4 C-3
箱根町仙石原817-359　箱根登山鉄道・強羅駅から車で15分　P16台　in 15:00　out 12:00　16室　予約 1泊2食付4万1000円〜

1. 客室露天風呂で高原風景を満喫
2. 山海の高級食材を焼き石で味わう会席料理
3. 本館客室「仙石原アトリエの間」。地元ガラス作家の手がけたランプがやさしく灯る

温泉 DATA
風呂数　露天風呂:2、内湯:4、貸切風呂:0 ※全客室に露天風呂完備
泉質　塩化物泉

二十四節気の機微を感じる
大人のために用意された別邸
雪月花別邸 翠雲
せつげつかべってい すいうん

自然豊かな中庭や川のせせらぎに包まれたハイクラスの強羅の湯宿。館内は全館畳敷きで、和と洋の客室すべてにベッドと天然温泉露天風呂を備え、無料の3つの貸切露天風呂でも湯浴みが満喫できる。客室内の冷蔵庫やラウンジのドリンクがサービスで付くなど、もてなしもワンランク上。

HOTEL DATA
☎0460-85-5489（箱根予約センター）
強羅 MAP 付録P.16 B-1
箱根町強羅1300-61　箱根登山鉄道・強羅駅から徒歩5分（季の湯 雪月花から無料送迎あり）
P14台（要予約）　in 14:00　out 11:00　43室
予約 1泊2食付3万2000円〜

温泉 DATA
風呂数　露天風呂:2、内湯:2、貸切風呂:3 ※全客室に天然温泉露天風呂完備
泉質　炭酸水素塩泉

1. 4つのベッドと畳のリビングを備えた客室「和フォース」
2. 繊細な盛り付けが美しい季節の和食会席。料理の一部を3種から選択できる
3. 強羅の湯宿「季の湯 雪月花」の別邸
4. 広々した客室露天風呂。湯に浸かりながら強羅の自然を満喫。各種貸切風呂も用意されている

森に抱かれたテラスの露天風呂
自家源泉「金色の湯」に浸かる
金乃竹 塔ノ澤
きんのたけ とうのさわ

宿専用の吊り橋を渡って森に入ると、「金乃竹 塔ノ澤」の開放感に満ちた建物が現れる。緑に溶け込む風情はまるで大人の桃源郷。7タイプ全23室のテラスには露天風呂を備え、宿の源泉井戸から湧く名湯「金色の湯」を楽しめる。湯上がりのクールダウンにいい、贅沢なテラスベッドも。

HOTEL DATA
☎0460-85-9800
塔之沢 MAP 付録P.10 C-2
所 箱根町塔之沢191 交 箱根登山鉄道・箱根湯本駅から車で5分(箱根湯本駅から湯本旅館送迎バスあり、有料) P 50台
in 15:00 out 11:00 室 23室
予算 1泊2食付3万7400円～

温泉 DATA
風呂数 露天風呂:0、内湯:2、貸切風呂:0 ※全客室に露天風呂完備
泉質 単純温泉(低張性、弱アルカリ性、高温泉)

1.2階と4階の客室の露天風呂は青森ヒバを使った木製の浴槽で穏やかな趣 2.美肌効果などを期待できる「金色の湯」をかけ流しで提供 3.1階客室の露天風呂は御影石の浴槽。塔之沢の自然をすぐ近くに感じられる 4.ダイニングでいただく夕食は、京都の料亭で腕をふるった料理長が作る懐石料理のコース

温泉 DATA
風呂数 露天風呂:2、内湯:0、貸切風呂:0
※全客室に露天風呂完備
泉質 単純温泉、塩化物泉

1.バリの石や南国風の植物が異国を感じさせるバリ風大浴場 2.相模湾で獲れた鮮魚など、地産地消にこだわった料理を提供する 3.広々としたテラスに設けられた客室露天風呂。箱根連山の雄大な眺めが広がる 4.カラフルな熱帯魚の泳ぐ水槽に囲まれたアクアリウムバー。抑えた照明が幻想的な雰囲気

異国情緒と和の落ち着きが
心安らぐリゾート和風旅館
箱根 藍瑠
はこね あいる

全館畳敷きの館内は随所にバリ風のインテリアで飾られ、非日常的なリゾート空間が広がる。すべての客室に設けた温泉露天風呂からは、箱根連山の絶景を一望のもとに。南国調インテリアのバリ風大浴場、熱帯魚の泳ぐ水槽に囲まれた幻想的なバーなど、癒やしと安らぎの場を提供。

HOTEL DATA
☎0460-85-3300
箱根湯本 MAP 付録P.11 D-3
所 箱根町湯本499-1 交 箱根登山鉄道・箱根湯本駅から徒歩7分(箱根湯本駅から湯本旅館送迎バスあり、有料) P 15台以上
in 15:00 out 10:00 室 15室 予算 1泊2食付平日2万5000円～、休前日3万円～

多彩な湯が待つ「箱根二十湯」

1200年以上の歴史を持つ箱根の温泉には、それぞれ成り立ちや泉質に個性あふれる温泉場が点在。

箱根の発展とともに増えていった温泉場

古くから各地に温泉が自然湧出した箱根。江戸時代には箱根湯本、塔之沢、宮ノ下、堂ヶ島、底倉、木賀、芦之湯が「箱根七湯」として知られた。姥子に加え、明治から昭和に9つの温泉が開削され「十七湯」に。現在は「二十湯」を数える。

1	**箱根湯本温泉** はこねゆもとおんせん 箱根湯本 MAP 付録P.17 D-2 箱根最古の温泉にして最多の源泉数と湯量を誇る。無色透明・無味無臭でお入浴しやすく、冷え性・肩こり・腰痛によく効くという。
2	**塔之沢温泉** とうのさわおんせん 塔之沢 MAP 付録P.10 C-2 成分は箱根湯本温泉とよく似る。皇女和宮が療養に訪れたことで知られ、アルカリ性の湯が肌の角質を取る「美肌の湯」でもある。
3	**宮ノ下温泉** みやのしたおんせん 宮ノ下 MAP 付録P.16 B-4 弱アルカリ性の湯が肌にやさしいうえ、ナトリウムや美肌効果のあるメタケイ酸を多く含むため、ここも密かに「美肌の湯」として人気。
4	**堂ヶ島温泉** どうがしまおんせん ※2021年3月現在、工事中により営業している宿なし 宮ノ下 MAP 付録P.16 C-3 深い谷底の渓流沿いで、世俗の喧騒を忘れて休息できる秘湯風情たっぷりな温泉。温熱効果で血行が良くなり、保温効果も高い。
5	**底倉温泉** そこくらおんせん 宮ノ下 MAP 付録P.9 D-2 豊臣秀吉軍の将兵が傷を癒やした温泉。江戸時代の記録には「高温で塩辛い」と記載され、また痔などによく効くことで知られた。
6	**木賀温泉** きがおんせん 木賀 MAP 付録P.8 C-2 源頼朝の家臣・木賀善司吉行が、瀕死の病から湯に入って7日で全快したと伝わる。江戸城に献上された子宝の湯としても有名。
7	**芦之湯温泉** あしのゆおんせん 芦ノ湖周辺 MAP 付録P.2 C-3 昔から薬効が豊富とされ、江戸時代の温泉番付では箱根最上位に扱われた。「美肌の湯」とされることも多く、硫黄を含むのが特徴。
8	**姥子温泉** うばこおんせん 芦ノ湖周辺 MAP 付録P.6 C-2 金太郎の失明を全快させた伝説から眼病に効くとされ、夏目漱石も目の治療に訪れたという。箱根には珍しい弱酸性の温泉。
9	**仙石原温泉** せんごくはらおんせん 仙石原 MAP 付録P.5 D-3 大涌谷から引き湯している白濁湯の造成温泉と、姥子から引き湯している透明湯の造成温泉を利用した高原の温泉場。
10	**湯ノ花沢温泉** ゆのはなざわおんせん 芦ノ湖周辺 MAP 付録P.13 F-1 自然湧泉から生じる湯の花が名物だった。現在は造成温泉を使用しており、弱酸性で乳白色の湯は特に皮膚病に効能が見込める。
11	**強羅温泉** ごうらおんせん 強羅 MAP 付録P.16 A-2 早雲山・大涌谷の引き湯から始まったが、戦後に次々と源泉を掘り当てたことで、多彩な泉質が楽しめる箱根有数の温泉場に発展。
12	**小涌谷温泉** こわくだにおんせん 小涌谷 MAP 付録P.8 C-3 当初は引き湯のみだったが、戦後の開発で大きく発展し、現在は湯量豊富な源泉も多数。湯は美肌効果があり、また湯冷めしにくい。
13	**大平台温泉** おおひらだいおんせん 大平台 MAP 付録P.9 F-3 戦前に温泉掘削に失敗したため戦後は引き湯で開発されたが、昭和38年(1963)に湧出に成功。温まりやすく湯冷めしにくい温泉だ。
14	**二ノ平温泉** にのたいらおんせん 小涌谷 MAP 付録P.8 C-2 昭和38年(1963)に温泉開発を開始。一般住宅が多く温泉場らしからぬ雰囲気だが、成分豊かな「美肌の湯」が楽しめる穴場の温泉。
15	**宮城野温泉** みやぎのおんせん 強羅 MAP 付録P.8 C-1 昭和40年(1965)に温泉掘削が成功し湧出。湯に硫酸イオンを多く含むことから、切り傷ややけどに特に効能があるとされる。
16	**芦ノ湖温泉** あしのこおんせん 芦ノ湖周辺 MAP 付録P.14 B-4 芦之湯の引き湯と湯ノ花沢の火山性蒸気による造成温泉だが、小田急 山のホテル(P.128)のみ2006年湧出の自家源泉。
17	**蛸川温泉** たこがわおんせん 芦ノ湖周辺 MAP 付録P.12 B-3 1993年に芦ノ湖温泉から区分された、十七湯で最も新しい温泉。主に箱根園(P.54)内の施設で使用されている。
18	**大涌谷温泉** おおわくだにおんせん 大涌谷 MAP 付録P.7 E-3 硫黄を含む乳白濁・酸性のにごり湯が、仙石原や強羅に引かれる。
19	**早雲山温泉** そううんざんおんせん 強羅 MAP 付録P.8 A-2 大雄山最乗寺箱根別院境内に湧出。2005年より休業中。
20	**湖尻温泉** こじりおんせん 芦ノ湖周辺 MAP 付録P.6 B-3 代表的なのは、箱根高原ホテルの茶色く炭酸の多い自家源泉。

リゾート箱根はこの街で誕生した
宮ノ下 みやのした

古くから温泉地として開発され、江戸時代には大名や豪商が訪れ、明治時代に富士屋ホテルが開業すると、外国人の滞在者が増加。国際的リゾートとして発展した箱根でも稀有なエリア。

街歩きのポイント

街歩きの拠点は箱根登山鉄道・宮ノ下駅。ショップめぐりをするなら宮ノ下駅から国道1号、別名セピア通りに沿って富士屋ホテル方面へ

国道を離れて裏道に入れば自然の緑のなかで散策が楽しめる

歩く・観る●宮ノ下

↑富士屋ホテル「花御殿」。赤い高欄付きのバルコニーが印象的な外観は、箱根・宮ノ下のシンボル的な存在

ゆっくり歩いて明治～昭和を探す
当時から続く店をのぞくのも楽しい

　宮ノ下の街には、どこか洗練された雰囲気がある。横浜開港後、ことに富士屋ホテル開業以降は富裕な外国人旅行者たちのために発展してきた側面もあり、今なお当時から営業を続ける商店が多いせいかもしれない。

　富士屋ホテルの名が世界に轟いたのは明治時代。江戸時代から続く老舗、奈良屋旅館と協定を結び、奈良屋を日本人専用、富士屋を外国人専用ホテルとしたことに始まる(P.84)。

　街を歩いてみればチャップリンやチェンバレンが散歩した道があり、ヘレン・ケラーやジョン・レノンがポートレートを撮影した写真店がある。また、外国人が古伊万里や浮世絵を所望したことから数多くの骨董品店が開業し、いまや日本人も含む世界中のアンティーク・ファン垂涎の存在となった店もある。

↑富士屋ホテルのバス待合所跡の建物が、現在はCafé de motonami (P.118) として利用されている

↑箱根湯本駅から箱根登山鉄道で約30分の宮ノ下駅。レトロな雰囲気の駅舎が旅情を誘う

箱根を代表する老舗ホテル
富士屋ホテル ➡ P.31/P.84

ふじやホテル

MAP 付録P.16A-3

明治期の創業以来、リゾート地・箱根を象徴するホテル。2020年7月15日にリニューアルオープン。

チェンバレンの散歩道
チェンバレンのさんぽみち

宮ノ下から木賀温泉まで続く、早川沿いの遊歩道。日本の旅行案内書を編集するために富士屋ホテルに滞在したチェンバレンが歩いた道。

MAP 付録P.16 C-3

⬅ 緑豊かな遊歩道は、全部歩くと約40分

⬆ 早川に架かる橋を渡る

宮ノ下

⬅ 強羅

箱根自然薯の森 山薬 **R** P.45
菊華荘 **R H** P.109/P.125
La Bazza **R** P.45
渡邊ベーカリー **C S** P.44/P.117
豊島豆腐店 **S** P.111
鮨みやふじ **R** P.45
常泉寺 卍

宮の下
川辺光栄堂 **S** P.42
明星館 **H**
ベーカリー&スイーツ"PICOT" **S** P.116
Café de motonami **C** P.118
富士屋ホテル ★ P.31/P.83/P.84
嶋写真店 **R** P.42
箱根光喜號 **S** P.43
いろり家 **R** P.44
熊野神社 ⛩
宮ノ下温泉
チャップリンの散歩道
ソラアンナ **R** P.107
エクシブ箱根離宮 **H**
宮ノ下温泉局
宮ノ下観光案内所
箱根吟遊 **H** P.131
宮ノ下あじさい坂上
森メシ **R** P.44
NARAYA CAFE **C** P.43

箱根登山電車（箱根登山鉄道）P.26/P.66

宮ノ下駅

地名の由来になっている温泉
宮ノ下温泉

みやのしたおんせん

MAP 付録P.16 B-4

熊野神社下の台地に開けた温泉で、箱根七湯のひとつ。

チャップリンの散歩道
チャップリンのさんぽみち

昭和7年（1932）、兄シドニーと来日したチャップリンが、滞在中に散歩を楽しんだという細い通りがある。富士屋ホテルの裏手から、常泉寺、熊野神社を経て、宮ノ下駅まで続くので、セピア通りからの帰りに歩きたい。

MAP 付録P.16 C-4

➡ 富士屋ホテルの裏手の緑に覆われた小道

➡ 熊野神社は、宮ノ下、堂ヶ島、底倉温泉の守護神として建てられた

セピア通り
セピアどおり

街のメインストリートでもある国道1号。老舗に加え、質の高いレストランなどが並ぶ。

MAP 付録P.16 B-3

⬆ 古い商店の建物が点在し、懐かしい雰囲気

> 宮ノ下のレトロなお店

古き良き時代が薫る おみやげ

日本の古美術や価値のある骨董など、
外国人客が多かった宮ノ下ならではの店が並ぶ。

嶋写真店
しましゃしんてん
MAP 付録P.16 B-3

歴史上の人物気分で
セピア色の写真を撮影

明治11年(1878)創業。ジョン・レノンやヘレン・ケラーなど錚々たる人物を撮影してきた歴史的な写真館だ。

- ☎0460-82-3329
- 所 箱根町宮ノ下372
- 営 10:00〜18:00 休 不定休
- 交 箱根登山鉄道・宮ノ下駅から徒歩5分 P なし

↑古くから箱根を訪れる著名人の記念写真を撮り続けてきた

↑セピア写真はキャビネサイズで5400円。約3週間後に発送される

↑古い写真が展示されている

↑歴史を物語る看板にも注目したい

川辺光栄堂
かわべこうえいどう
MAP 付録P.16 B-3

↑鉱泉煎餅 1300円(15枚入り)

創業は明治12年(1879)
レトロな缶も人気の理由

小麦、白玉粉、砂糖、食塩、植物油とシンプルな材料を地元の水で仕上げた鉱泉煎餅は懐かしい味わい。

- ☎0460-82-2015
- 所 箱根町宮ノ下184
- 営 9:30〜17:00(季節により異なる)
- 休 水曜 交 箱根登山鉄道・宮ノ下駅から徒歩6分 P なし

↑和菓子店として創業。懐かしい味、レトロなパッケージが人気

歩く・観る●宮ノ下

箱根光喜號
はこねこうきごう
MAP 付録P.16 B-4

ベルギー・レースの
アクセサリーが素敵

ヴィンテージのジュエリーや服、マイセンなどの焼物が充実。ベルギー・レース・アクセのファンも多い。

☎0460-82-5776
所 箱根町宮ノ下379
営 11:00～17:00 休 火曜、不定休
交 箱根登山鉄道・宮ノ下駅から徒歩5分 P なし

↑一点もののジュエリーなど魅力あふれる商品が並ぶ

↑赤い縁取りがおしゃれな店舗の入口

↑ダイアン・クライス作、レースのアクセサリー1万7000円～

【ショップ併設のレトロなカフェ】

老舗の名旅館、奈良屋旅館は廃業したが、その雰囲気を残したカフェが人気を呼んでいる。

NARAYA CAFE
ナラヤ カフェ
MAP 付録P.16 C-4

宮ノ下のDNA色濃く
街とともに進化するカフェ

店主のルーツ、奈良屋旅館の寮を改装したカフェ。足湯やギャラリーを備えた開放的な造りで、奥のテラスからの眺望も素敵。

☎0460-82-1259
所 箱根町宮ノ下404-13
営 10:30～17:00 休 水曜、第4木曜
交 箱根登山鉄道・宮ノ下駅から徒歩1分 P 5台

↑店主夫妻や友人が自ら改装して誕生したカフェ

【注目ポイント】
カフェ利用者に足湯を無料開放
もとは300年の歴史を築いた旅館のため、奈良屋旅館時代からの自家源泉を利用したかけ流しの足湯がある。

↑ロゴを模したならやん最中と抹茶のセット730円

↑窯焼きピッツァも大人気

古き良き時代が薫るおみやげ

宮ノ下のランチタイム
自慢の味をいただきます

昔から親しまれている老舗の名物メニューや、地元の素材にこだわる食事処。味にうるさい観光客を満足させる店を厳選。

↑アイスクリームやドリンクのテイクアウト利用もOK

駅前の崖に建つ食堂 眼前に広がる絶景も自慢
宮ノ下あじさい坂上 森メシ
みやのしたあじさいざかうえ もりメシ

MAP 付録P.16 C-4

地元食材を使ったメニューが充実。宮ノ下を盛り上げるきっかけになればと駅前の古民家を改装してオープン。海外で買い付けたテーブルや椅子もかわいらしく、気軽な雰囲気で心地よい。

☎0460-83-8886
所 箱根町宮ノ下404-13
営 11:30〜15:00(LO14:30) 17:00〜21:00(LO20:30) 休 無休
交 箱根登山鉄道・宮ノ下駅からすぐ
P なし

予約 可
予算 L 1500円〜 D 3000円〜

あじ彩丼(お椀、小鉢、お新香付き) 1550円
相模湾の地アジのたたき、大根とキュウリの刻み野菜に刻みしば漬を合わせた丼は、人気の定番メニュー

おまかせおでん5品盛り 1350円
煮干し、宗田ガツオの混合だしを使用したおでん。大根、たまご、しらたきなどの定番種のほか、トマトや牡蠣といった変わり種も用意

明治時代から続く老舗で 箱根名物のパンを味わう
渡邊ベーカリー
わたなべベーカリー

MAP 付録P.16 A-3

創業130年の歴史ある老舗のパン屋。人気は箱根駅伝で振る舞われる「温泉シチューパン」。イートインコーナーで作りたてが食べられる。ほかにも箱根らしいユニークなパンが揃う。

↑開店直後から多くの人で賑わう

→P.117

予約 不可
予算 L 1000円〜

温泉シチューパン 660円
丸く成形したフランスパンに自家製ビーフシチューを入れたあつあつの看板メニュー

アワビや足柄牛などの高級食材が 手ごろな料金でいただける
いろり家
いろりや

MAP 付録P.16 A-4

日本酒や各種焼酎などが揃い、地元産の食材を使った家庭的なつまみが人気の居酒屋だが、ランチメニューも見逃せない。足柄牛のステーキ丼のほか、肉厚のアワビがのった鮑丼が味わえる。

足柄牛のステーキ丼 ロース2200円、ランプ1800円
足柄の豊かな自然のなかで育った足柄牛を、バターを使用せずに調理したヘルシーなステーキ丼

予約 可
予算 L 1800円〜 D 3000円〜

↑ゆったりと和める空間

☎0460-82-3831
所 箱根町宮ノ下296
営 11:30〜13:30(LO) 18:00〜21:30(LO) 休 木曜
交 箱根登山鉄道・宮ノ下駅から徒歩15分 P 2台

素材を生かしたイタリアンを肩肘張らずリーズナブルに

La Bazza
ラバッツァ

MAP 付録P.16A-3

↑銀行を改装した昭和の面影が残る店構え

箱根の名門ホテルで料理長を務めたシェフが腕をふるう。素材の旨みを引き出す極めてていねいな調理で別荘族や地元の人に愛され続ける。なかでもパスタ料理が人気で、5種から選べるパスタランチ1350円はお得。

↑開放感のあるカフェのような雰囲気の店内

ランチコース 1814円
魚と肉からメインを1品選ぶ。セットのパンには自家製バターをたっぷりつけて

☎0460-87-9223
所 箱根町宮ノ下344
営 11:00〜16:00(LO15:00) 17:30〜20:00(LO)
休 火曜
交 箱根登山鉄道・宮ノ下駅から徒歩8分
P 6台

予約 要
予算 L 2000円〜 D 3500円〜

↑元祖アジ丼 1620円
プリプリとしたアジは脂がのって、臭みはまったくない。ふんだんな旨みをさらに引き出す絶妙なオリジナルのタレが絡んで、どんどんご飯がすすむ

予約 不可
予算 L 1650円〜 D 2500円〜

相模湾に揚がるアジを使った絶品丼に行列が絶えない

鮨みやふじ
すしみやふじ

MAP 付録P.16A-3

↑店主夫妻の温かい接客も人気の理由

↑トロタク巻と、オリジナルのみやふじ巻

1日に10升の米を炊くこともあるという大人気の寿司店。一般的な握りもおいしいが、特におすすめなのが元祖アジ丼。トロのスキ身と小田原の梅肉、シソを加えたみやふじ巻もおいしく、アジ丼、トロタク巻とのセットのファンも多い。

☎0460-82-2139
所 箱根町宮ノ下310
営 11:30〜15:00(LO14:30) 17:30〜20:00(LO19:30)
休 火・水曜
交 箱根登山鉄道・宮ノ下駅から徒歩7分
P あり

自慢の味をいただきます

土・日曜のランチは行列必至
地場の食材と自然薯の定食

箱根自然薯の森 山薬
はこねじねんじょのもり やまぐすり

MAP 付録P.16A-3

小田原の自社畑をはじめ県内で栽培される自然薯をメインにした定食が好評を博す。とろろ以外にも小田原産地魚の干物、富士湧水豚、宮ノ下豊島豆腐店(P.111)の汲み豆腐など、近隣でとれる厳選食材を用いた健康的でおいしい料理がずらり。

☎0460-82-1066
所 箱根町宮ノ下224
営 10:00(土・日曜、祝日は7:00)〜20:30
休 無休
交 箱根登山鉄道・宮ノ下駅から徒歩5分
P 6台

↑窓から新緑や紅葉など季節により表情を変える箱根の山々を望む

↑朝10:00から営業しているので遅めの朝ごはんにもおすすめ

至高の昼ご飯 2680円
とろろ、山芋ステーキ、汲み豆腐、自然薯さつまあげ、豚の西京焼き、地魚の干物で大満足の御膳

予約 可(混雑時不可)
予算 L D 2000円〜

アミューズメント施設の温泉で遊ぶ

小涌谷
こわくだに

小涌谷温泉が湧出するエリアで、箱根登山鉄道の駅がある。箱根小涌園ユネッサン、蓬莱園といったおでかけスポットを目指して観光客が集まる。

箱根小涌園オープンで活気あるエリアに

大地獄と呼ばれた大涌谷(P.64)に対し、火山性の蒸気が立ちのぼる景観が小地獄と呼ばれたエリア。別荘地として開発されたが、箱根小涌園の建設、温泉の採掘によって様変わり。温泉テーマパークの箱根小涌園ユネッサンを中心に、家族連れに人気の観光地に。

↑ユネッサン屋外エリアの一番人気は大迫力のウォータースライダー「ロデオマウンテン」。童心に返って急流を滑り降りるスリルを味わってみよう

変わり湯で癒やされる、楽しく遊べる温泉

箱根小涌園ユネッサン
はこねこわきえんユネッサン

MAP 付録P.8 B-3

ほかでは味わえない温泉の楽しみが、これでもかと詰まったアミューズメントパーク。変わり湯のはしごをして、温泉効果でリラックスした一日を過ごしたい。

老若男女が楽しめる温泉アミューズメントパーク

全天候型スパ施設で、水着着用エリアのユネッサンと裸エリアの森の湯に分かれている。ユネッサンは天井に地中海の空が描かれた「神々のエーゲ海」を中心にユニークな風呂が満載。本物のコーヒーやワインの投入パフォーマンスなども行われる。森の湯は大庭園の露天風呂があり静かにくつろげる。オフィシャルホテルを利用してのんびり過ごすのもおすすめだ。

☎0460-82-4126 所箱根町二ノ平1297 営ユネッサン10:00〜18:00(土・日曜、祝日9:00〜)、元湯 森の湯11:00〜19:00(土・日曜、祝日は〜20:00)、最終入場は1時間前 休不定休 料ユネッサン2500円、元湯 森の湯1500円 交小涌園バス停からすぐ P1000台(有料)

館内information

手ぶらで行っても安心
館内着の上下セット、タオルは有料で貸し出してくれる。レンタル水着もあるので安心だ。シャンプーやドライヤーなど備品も充実している。

便利なリストバンド
ロッカーの鍵が付いたリストバンドを持っていれば、館内はキャッシュレスで過ごせる。バーコードをかざすだけで飲食や、水着のレンタルなどが利用可能。

休憩室＆マッサージ
広々とした無料の休憩室や、有料だが周りを気にせず過ごせる個室の休憩室がある。アロママッサージや指圧マッサージで疲れを癒すのもおすすめだ。

館内のグルメ＆おみやげをチェック

炉端焼き 紅葉
ろばたやき もみじ

ユネッサン3階にある炉端焼きの店。「箱根まぶし飯」2860円(写真)や大きなエビ天がのった天丼がおすすめ。
営11:30〜21:00(20:30LO) 休施設に準ずる

箱根小涌園 スイーツ＆ベーカリー
はこねこわきえん スイーツ＆ベーカリー

ユネッサン3階。ホテルメイドの自家製ケーキやパンが楽しめる。季節に合わせたメニューや地場の食材を使った商品も販売中。
営11:00〜16:00 休施設に準ずる

ミーオモール

ユネッサン内にあるショッピングモール。オリジナルグッズや箱根みやげなどを品数豊富に取り扱う。
営9:00〜19:00 休施設に準ずる

ユネッサン〈水着エリア〉

家族や仲間と楽しめる 温泉アミューズメント

箱根の山々を眺めながら温泉が楽しめる屋外エリアと全天候対応のドーム型の屋内エリアがあり、いずれも水着着用。趣向を凝らしたユニークな風呂が勢揃い。

超絶景 展望露天風呂 屋外エリアにある全長40mの露天風呂。目の前に山々の絶景が広がる

ワイン風呂 古代から美肌に効果があるとされ、若返りの湯としてとしても知られる

神々のエーゲ海 ドーム型の天井に青い空が描かれた、地中海をモチーフにした大型スパ

酒風呂 温泉とお酒で体が芯から温まる。ほのかにお酒の香りが漂い、ほろ酔い気分に

本格コーヒー風呂 温泉で低温抽出したコーヒー風呂。リラックス効果が期待できる

ドクターフィッシュの足湯 ドクターフィッシュが古い角質をついばんでくれる。1回5分100円

日帰り温泉 箱根小涌園 元湯 森の湯〈裸エリア〉

箱根の自然を感じられる 開放感あふれる露天風呂

箱根の大自然に囲まれた露天風呂が自慢。信楽焼でできた陶器風呂やごろりと横になれる寝湯、ミストサウナなど、さまざまなお風呂でくつろげる。

→ 箱根外輪山を望む庭園露天風呂。夜はライトアップされ情緒豊かな雰囲気に

→ 大きな窓からは箱根の山々が眺められる内湯　→ 気兼ねなく湯浴みが楽しめる貸切風呂

ユネッサンの近くにある湯宿

箱根小涌園 天悠
はこねこわきえん てんゆう

箱根の中心に位置する、全室温泉露天風呂付きのラグジュアリーな温泉旅館。遮るもののない高台に位置するため、客室や大浴場から箱根外輪山や深い渓谷の自然美を堪能できる。

MAP 付録P.8 B-3
☎0465-20-0260　所箱根町二ノ平1297
交天悠バス停からすぐ（箱根登山鉄道・強羅駅から無料送迎あり）　P75台
in15:00　out11:00　客150室
予算1泊2食付3万7550円～

→ 空に溶け込むような6階大浴場「浮雲の湯」の露天風呂。男女日替わりで利用

→ 信楽焼の浴槽で自家源泉の温泉露天風呂をプライベートに楽しめる

ユネッサンからひと足のばして

千条の滝
ちすじのたき

MAP 付録P.8 C-4

ユネッサンから歩いて約15分でたどり着く景勝地。蛇骨川の上流に位置する高さ約3m、幅約20mの滝で、苔むした岩肌を幾筋もの水が流れ落ちる光景は風趣満点。秋には周辺を紅葉が彩る。

☎0460-85-5700（箱根町総合観光案内所）
所箱根町小涌谷　開休料散策自由
交蓬莱園バス停から徒歩10分　Pなし

→ 幾筋にも分かれて落ちる滝の風景が味わい満点。お手ごろな緑の散策スポット

箱根小涌園ユネッサン

箱根を代表する温泉観光地

強羅(ごうら)

別荘地として開発され、やがてワンランク上の温泉宿が並ぶ観光地へと発展。箱根登山鉄道や箱根登山ケーブルカーの拠点でアクセスもよい。

↑緑豊かな箱根強羅公園の中心にある噴水池

洗練された高級温泉宿が立ち並ぶ

　早雲山(そううんざん)、大涌谷(おおわくだに)からの引湯工事が終了すると、強羅温泉は、温泉付き高級別荘地として開発が始まり、政財界の人々や文人たちがこの地を訪れるようになる。フランス式整型庭園の箱根強羅公園が開園、箱根登山鉄道が開通と開発が進み、源泉の採掘に成功したのは昭和27年(1952)。現在は、源泉かけ流しをうりにした洗練された高級温泉宿が軒を連ね、温泉観光地としての賑わいをみせる。

↑秋には美しい紅葉が楽しめる

花を愛で、工芸を体験

箱根強羅公園
はこねごうらこうえん

MAP 付録P.16 B-2

春夏秋冬、どの季節に行っても色とりどりの花が迎えてくれる園内で、陶器や吹きガラスなどのオリジナル作品を心ゆくまで作り、記念に持ち帰りたい。

四季折々の花が楽しめる
日本初のフランス式庭園

大正3年(1914)、上流階級の保養施設として開園した歴史ある公園。シンメトリックな噴水池などが配されたフランス式整型庭園で、かつては日本庭園も有していたが、その敷地は現在、箱根美術館となっている。岩の多い山の斜面に造られているため、不思議な形をした岩があちこちで見られ、麓の正門と山上の西門で気温も異なる。園内にはローズガーデンなどの植物園と体験工芸施設、カフェなどがあり、季節を問わず美しい花とものづくりが楽しめる。

↑珍しい品種を多数展示する、6月のアジサイ展。箱根強羅公園では一年を通して、花の展示・即売会など、さまざまな催しがある

☎0460-82-2825
所箱根町強羅1300
営9:00～17:00(入園は～16:30)　休不定休　料550円、小学生以下無料
交箱根登山ケーブルカー・公園下駅からすぐ
P43台(有料)

48

季節の花をたどってのんびり散歩

春は桜に始まりシャクナゲ、ツツジ、バラと一年でいちばん華やぐ。
夏はアジサイ、秋は紅葉、冬は温室の熱帯植物などが楽しめる。

花カレンダー

花名／月	桜	シャクナゲ	ツツジ	バラ	アジサイ	モミジ
1						
2						
3	●					
4	｜	●				
5	｜	｜	●	●		
6	（3月中旬〜4月中旬）	｜	｜	｜	●	
7		（4月中旬〜5月中旬）	｜	｜	｜	
8			（4月下旬〜5月中旬）	（5月下旬〜6月下旬）	｜	
9					（6月上旬〜7月上旬）	●
10				●		｜
11				｜		｜
12				（10月中旬〜11月中旬）		（10月下旬〜11月中旬）

ローズガーデン
約200品種、1000株のバラが芳醇な香りとともに咲く。春と秋が見頃

ブーゲンビレア館
国内最古のブーゲンビレアが見られるほか、ハイビスカスなど南国の花が咲き乱れる

世界にひとつだけのものづくり

陶芸やガラスアート、とんぼ玉など、暮らしに彩りを添える作品を、思いのままに作ってみたい。

気軽で多彩な体験工芸館
箱根クラフトハウス
はこねクラフトハウス

吹きガラス、陶芸、とんぼ玉、サンドブラストなどが楽しめる体験施設。ショップとギャラリーを併設しており、クラフト作品のほか雑貨やおみやげの購入もできる。

☎0460-82-9210　⚐9:00〜17:00(体験により異なる)
休不定休　料体験により異なる

ヴィンテージビーズ体験
ヴィンテージビーズをメインにラッキーチャームと組み合わせてブレスレットやピアスなどオリジナルのアクセサリーが作れる

吹きガラス体験
色ガラスを付けて、好きな模様に作ることができる

グルメスポット

Cafe Pic
カフェ ピック

手作りカレーが絶品

テラス席が広々としていて眼前に噴水が望める。おすすめは考え抜かれたレシピとていねいな調理がうかがわれるカレーとパンシチュー。

☎0460-82-2825
⚐9:30〜17:00(LO16:15)　休不定休

↑古い洋館を思わせる重厚なお店

↑ハーブの効いたパンシチュープレート1078円

↑園内のゴロゴロ岩をイメージした野菜入り強羅園カレー1078円

一色堂茶廊
いっしきどうさろう

緑豊かな洋館で極上サンド

ランチにぴったりのサンドイッチ専門店。和牛ローストビーフサンドや濃密アボカドサンドと、こだわりの上質サンドイッチが味わえる。

☎0460-83-8840
⚐10:00〜17:00(LO16:15)
休不定休

↑燻製鶏ハムサンド1210円

↑ブルガリア産バラのダマスクローズジュース770円

↑箱根強羅公園の緑に囲まれた洋館。テラス席も心地いい

↑大きな窓とトップライトで自然光がやさしい店内

箱根強羅公園

龍神伝説が残る箱根のパワースポット

芦ノ湖周辺
あしのこしゅうへん
MAP 付録P.12 B-4

観光船や水陸両用バスに乗ったり、湖畔の
カフェでくつろいだり、楽しみ方は多彩。歴
史スポットを訪れるのもおすすめだ。

歩く・観る●芦ノ湖周辺

神秘の湖をクルーズ

芦ノ湖遊覧
大自然とともに史跡も豊富な芦ノ湖。
観光船のクルーズを楽しみたい。

自然の景観に恵まれた
リゾートエリア

　芦ノ湖は、約3000年前、箱根山の
最高峰・神山の大爆発によって誕生し
た堰止湖。箱根の山々と湖畔にたた
ずむ赤い鳥居、遠くに富士山を仰ぐ風
景は箱根の象徴的な絶景だ。

　大型の観光船が行き交う芦ノ湖は、
箱根観光のハイライト。周辺には箱根
関所や、箱根神社など歴史にふれるスポッ
トや、観光船やロープウェイなどの乗り
物、眺め自慢のカフェやレストランなど、
さまざまな施設が揃う。湖の西側には、
芦ノ湖スカイラインが貫き、快適なドラ
イブが楽しめる。

箱根海賊船
はこねかいぞくせん

MAP 付録P.14 A-4（箱根町港）／
付録P.14 B-3（元箱根港）／付録P.6 A-3（桃源台港）

個性的な3隻から選ぶ海賊船で
冒険気分の芦ノ湖のシンボル

豪華で色鮮やかな3隻の海賊船が運航。カラ
フルな外観も船内の装飾もそれぞれ異なるの
で、1区間ずつ乗り比べてみると楽しい。箱
根町港・元箱根港から対岸の桃源台港までは
片道約25～35分。展望台からの眺めが素晴ら
しく、別料金で利用できる特別船室も備える。

☎0460-83-7722（運航部）
所箱根町箱根161（箱根町港）
時9:30～17:00（季節・港により異なる）
休無休（悪天候時は運休の場合あり）
交箱根町バス停からすぐ（箱根町港）　P120台

航路＆運賃

箱根関所に近い箱根町、ロープウェ
イの乗り継ぎに便利な桃源台、箱根
神社などの旧跡に近い元箱根の3つの
港を結ぶ。12/1～3/19は減便される
ので注意。

運賃＆所要時間早見表		
箱根町港	420円	1200円(2220円)
	180円	600円(1110円)
	10分	25分
元箱根港		1200円(2220円)
		600円(1110円)
		25分
		桃源台港

運賃（往復料金）
特別船室料金（往復料金）
※特別船室利用の場合、別途料金がかかります
直行便の所要時間

箱根町港の休憩スポット

茶屋本陣 畔屋
ちゃやほんじん ほとりや

箱根旧街道 MAP 付録P.14 A-4

芦ノ湖の四季折々の景色を眺めながら、おみやげ探しや、カフェ、ランチが楽しめる。

☎0460-83-6711 ㈲箱根町箱根161-1
⏰9:30～17:15 ㊡不定休 Ⓟ箱根町バス停からすぐ Ⓟ8台

湖上の海賊船が見える

七輪で焼き上げる「七福だんご」1650円

cafe KOMON 湖紋
カフェこもん

2階にある和モダンカフェ。「石焼きハンバーグご飯」や「自家製ほうじ茶ブリュレ」など、オリジナリティ豊かなメニューを取り揃えている。

⏰10:00～16:00（食事LO15:30）
㊡無休

注目ポイント

お気に入りの海賊船で芦ノ湖をクルーズ

ロワイヤルⅡ
18世紀にフランス艦隊で活躍した戦艦がモデル。内外の装飾からフランス文化を感じられる。

ビクトリー
18世紀のイギリスで活躍し、記念艦として展示されている戦艦がモデルになっている。

クイーン芦ノ湖
"心ときめくクルーズ"をコンセプトとした上質で温かみのあるデザイン。黄金色の船体が特徴。

豪華な船内の装飾

外観はもちろん、船内の装飾も見どころたっぷり。非日常空間を楽しもう。

▶特別船室にある女王陛下の玉座はSNS映えスポット！（クイーン芦ノ湖）

▶不思議な写真を撮影して楽しめる3Dアート（ロワイヤルⅡ）

▶気持ちのよい風を感じながら芦ノ湖の景色と自然を楽しみたい（クイーン芦ノ湖）

▶海賊の宝箱を発見（ビクトリー）

箱根 芦ノ湖遊覧船
はこね あしのこゆうらんせん

MAP 付録P.14 A-4（箱根関所跡港）／
付録P.14 B-2（元箱根港）／
付録P.12 B-3（箱根園港）／
付録P.6 B-4（湖尻港）

☎0460-83-6351 ㈲箱根町元箱根45-3（元箱根港）
⏰9:00～16:30（季節により異なる）㊡無休 ㊟定期船（片道）：箱根関所跡港～元箱根10分400円、箱根関所跡港～箱根園港25分780円／周遊船：箱根関所跡港・元箱根港・箱根園港発往復コース40分1480円 🚌元箱根バス停からすぐ Ⓟあり

展望デッキから360度広がる絶景は必見！

2つの船体をつないだ双胴船のため、揺れが少ない。客室からは大きな窓越しに変わりゆく湖岸の風景が広がり、すべて自由席なので座る場所によって異なる景色が眺められるのも魅力。

▶揺れが少ないので、船酔いが心配な人におすすめ

航路

箱根関所跡、元箱根、箱根園の3カ所の港を結ぶ。定期船と湖上遊覧をして出発港に戻る周遊船があるので、行き先と目的によって使い分けたい。

※2021年4月現在、湖尻港は閉鎖中

芦ノ湖遊覧

レイクビューポイント
芦ノ湖に突き出るような、視界180度のテラス席では、四季の移ろいを反映する山々と湖畔の景色に浸ることができる

歩く・観る●芦ノ湖周辺

開放感あふれる空間で、優雅なひととき

芦ノ湖畔の
レイクビューカフェ&レストラン

どこまでも広がる芦ノ湖を眺めながら、おいしい料理やスイーツでひと休み。

湖面に輝く光と風を感じながら本場の味、ナポリピッツァを

La Terrazza 芦ノ湖
ラ テラッツァ あしのこ

MAP 付録P.14 B-2

目の前に芦ノ湖が広がる開放的なレストラン。箱根西麓野菜、近海の鮮魚など地元で育まれた食材やイタリアから直輸入した食材を、そのものの味を生かし彩り豊かな一皿に仕立てる。落ち着いた雰囲気でゆっくりと食事が楽しめる。

1. 湖を一望するテラス席は広々として心地よい
2. 開放感あふれる店内
3. ピッツァはナポリから取り寄せた薪窯で焼かれる
4. 人気ピッツァのマルゲリータとサラダ

☎ 0460-83-1074
所 箱根町元箱根61
営 モーニング10:30（土・日曜、祝日9:00）〜11:00 ランチ11:00〜15:30 カフェ15:30〜17:00 ディナー17:00〜20:00（LO19:30）
休 無休（2月に休業日あり）
交 箱根神社入口バス停からすぐ
P 18台

予約 可（ランチは不可）
予算 B 900円　L 2000円〜
　　　D 3000円〜

レイクビューポイント
窓に面して配置されているシートは、遮るものが何もないスペシャル席

1. 全長50mの一面ガラス張りの窓からは大パノラマを見渡せる
2. 小田原の老舗和菓子店に特注する上生菓子
3. 陽光が差し込む開放感あふれる店内でゆったりと過ごしたい

富士山と芦ノ湖の絶景が広がる贅沢なティータイム

ティーラウンジ 季節風
ティーラウンジ きせつふう

MAP 付録P.14 B-3

箱根・芦ノ湖 成川美術館(P.95)内のティーラウンジ。絶景を眺めながらいただく上生菓子は企画展とのコラボレーション。また器に石井康治や三上亮の貴重な美術工芸品を用いるなど美術館ならではのおもてなしが。ラウンジへの入店には美術館の入館料が必要。

☎0460-83-6828(箱根・芦ノ湖 成川美術館)
所 箱根町元箱根570 箱根・芦ノ湖 成川美術館1F 営10:00〜16:30 休無休 交元箱根港バス停からすぐ P70台

予約 可
予算 1080円〜

洗練された庭、湖を行き交う船 時を忘れさせる静かなラウンジ

IL LAGO
イル ラーゴ

箱根旧街道 **MAP** 付録P.14 A-4

芦ノ湖のほとりにたたずむ、優雅な雰囲気の箱根ホテル内ティーラウンジ。美しい風景を心ゆくまで眺められる贅沢な空間で、自慢のオリジナルスイーツを堪能したい。ランチメニューのカレーも人気。

☎0460-83-6311(箱根ホテル)
所 箱根町箱根65 箱根ホテル
営9:30〜17:00 休無休
交箱根ホテル前バス停からすぐ
P42台

1. 芦ノ湖と富士山を望みながら
2. ホテルおすすめ、シェフ自慢のビーフカレー2550円
3. ガラス張りのラウンジ。窓一面に湖が広がる

レイクビューポイント
縦長の店内は奥へ行くほど湖に近づく。カウンター席もおすすめ

予約 不可
予算 1000円〜

レイクビューポイント
季節の良い時期は、芦ノ湖の湖面が目前に迫るテラス席がおすすめだ

芦ノ湖に浮かぶように建つ絶好のロケーション

プレミアムショップ&サロン・ド・テ ロザージュ

MAP 付録P.14 A-2

小田急 山のホテル(P.128)直営のデザートレストラン&ショップ。1階がサロン・ド・テ ロザージュになっており、オリジナルスイーツと、ティーインストラクターがこだわり抜いた紅茶が楽しめる。

予約 不可
予算 1634円〜

1. 芦ノ湖からの風が吹く爽やかなテラス席が人気
2. 目の前でドレッサージュする、伝統のりんごパイ
3. 常に20種類以上の紅茶が用意されている

☎0460-83-6321
(小田急 山のホテル)
所 箱根町元箱根80
営11:00〜16:00(LO)
休無休 交元箱根港バス停から送迎バスで5分
P100台

芦ノ湖畔のレイクビューカフェ&レストラン

53

子どもも大人も遊べる箱根の楽園

箱根園
はこねえん

MAP 付録 P.12 C-3

芦ノ湖の自然を生かした総合レジャースポット。水族館や温泉など、のんびり過ごせる多彩な施設が集まる。

見る、買う、遊ぶ、体験する
すべてが揃う複合リゾート施設

水族館や動物園、陶器の絵付けや寄木細工体験コーナーのほか、レストランやショッピング施設まで揃う複合リゾート施設。天気の良い日はモーターボートや遊覧船で芦ノ湖を周遊でき、富士山を望む絶景も堪能できる。冬季は雪・そり遊び広場も登場。日帰り入浴が楽しめる「絶景日帰り温泉 龍宮殿本館」も人気がある。

- ☎0460-83-1151（代表）
- 箱根町元箱根139
- 箱根園バス停からすぐ
- 300台（有料）

↑芦ノ湖の東岸に約66万㎡の敷地を持つ箱根園

↑芦ノ湖畔から駒ヶ岳山頂に向かって広がる箱根園では、さまざまなレジャーが楽しめる

箱根園水族館
はこねえんすいぞくかん

MAP 付録P.12 B-3

大海から湖まで
世界中の魚たちが大集合

海抜723mの日本一標高の高いところにある海水水族館で、「海水・淡水館」「アザラシ広場」の2つのスポットに分かれている。なかでも入口を入ってすぐの高さ7mのオープンエアの大水槽では、自然光にきらめく水の中をカラフルな魚たちが泳ぐ様子が見られる。また、温泉アザラシと呼ばれる、頭にはタオルを載せ、手には桶を持った「いい湯だな〜」のポーズをとる、アザラシのショーは必見。

- ☎0460-83-1151（箱根園）
- 9:00〜16:30（入館は〜16:00）
- 無休
- 1500円

海水・淡水館 かいすい・たんすいかん

熱帯魚の群れ、サメやペンギン、コツメカワウソなどに会える。大水槽では、ダイバーたちが水槽の中で直接エサを与える水中ショーも毎日開催されている。

水中ショー
土・日曜、祝日 10:15／13:45
月〜金曜 13:45

アザラシショー
毎日 11:00／13:00

←大人気のコツメカワウソ。握手ができるイベントが開催されることも

アザラシ広場 アザラシひろば
バイカルアザラシやゴマフアザラシたちが、愛嬌たっぷりに芸を披露してくれる。

絶景日帰り温泉
龍宮殿本館
ぜっけいひがえりおんせん　りゅうぐうでんほんかん
MAP 付録P.12 C-3

芦ノ湖と富士山を望む
絶景露天風呂

箱根芦ノ湖畔にたたずむ「龍宮殿本館」は、心と体を癒やす極上の絶景日帰り温泉だ。雄大な芦ノ湖の自然と一体となるようなダイナミックな景色と、富士山も同時に望むロケーションの素晴らしさが特徴。泉質はカルシウムやナトリウム、硫酸塩泉、塩化物泉。神経痛、筋肉痛、関節痛などに効果があるといわれている。箱根の旅の疲れを癒やす、上質なひとときが過ごせる。

☎0460-83-1126
営9:00(土曜・休日8:00)〜20:00(入館は〜19:00) 休無休 料2030円

↑芦ノ湖と富士山が見渡せる露天風呂(写真は女性用)

芦ノ湖にダイブする水陸両用バス
NINJABUS
WATER SPIDER
ニンジャバス ウォーター スパイダー

陸から湖へ豪快にダイブ！忍者が芦ノ湖の湖面を移動する姿をイメージしたアトラクション。箱根園と元箱根から出発する。

MAP 付録P.12 C-3(箱根園乗り場)／付録P.14 B-2 (元箱根乗り場)

☎0460-83-1151(箱根園)
営9:20〜15:50 ※1日8便 休第3水曜
料箱根園発 2200円(約25分)、元箱根発(エンタメNINJABUS)2800円(約70分)

箱根園のおみやげ&グルメ

箱根園ならではのおみやげ選びが楽しい。芦ノ湖を眺めながらのランチやティータイムでリゾート気分倍増。

旅の記念のおみやげ探し
ショッピングプラザ

箱根園オリジナル商品のほか、箱根の名産品が揃うみやげ店。スイーツや雑貨が人気。免税店もある。

MAP 付録P.12 C-3
☎0460-83-1151(箱根園)
営9:00〜16:30
休無休
↑多彩なグッズと名産品がずらり

焼きたてパンで休憩タイム
箱根プリンス パン工房
はこねプリンス パンこうぼう

焼きたてのプリンスホテル特製パンが楽しめるベーカリー。アザラシの形をしたパンや3種類のメロンパンなど多数揃う。

MAP 付録P.12 B-3
☎0460-83-1151(箱根園) 営11:00〜16:00 休無休

↑温泉アザラシパン160円

芦ノ湖畔で優雅な昼食
お食事処「富士」
おしょくじどころ「ふじ」

絶景日帰り温泉 龍宮殿本館の食事処(和食)。一番人気の「箱根姫の水たま肌もめん湯豆腐御膳」や天ぷら、そば、季節限定メニューと品揃えも豊富。

MAP 付録P.12 C-3
☎0460-83-1126(絶景日帰り温泉 龍宮殿本館) 営11:30〜15:30(LO15:00) 休無休

↑箱根姫の水たま肌もめん湯豆腐御膳

明るい店内でコーヒーとケーキ
ラウンジ やまぼうし

ザ・プリンス 箱根芦ノ湖本館ロビーフロアにあるラウンジ。軽食や自家製スイーツが楽しめる。

MAP 付録P.12 B-3
☎0460-83-1111(ザ・プリンス 箱根芦ノ湖) 営10:30〜17:00(LO16:30) 休無休

↑暖炉のある落ち着いた店内。テラス席もある

↑ケーキ650円〜。セット1540円

絶景を満喫しながら駒ヶ岳山頂へ

箱根園から駒ヶ岳山頂まで全長1783m。片道7分の空中散歩が楽しめる。山頂には展望台、箱根元宮があり、芦ノ湖を中心に箱根の全景と、晴れた日には北西に雄大な富士山、また遠く駿河湾から伊豆半島、伊豆七島、湘南海岸、房総半島まで大パノラマが堪能できる。

箱根 駒ヶ岳ロープウェー
はこね こまがたけロープウェー
MAP 付録P.13 D-2

☎0460-83-1151(箱根園) 営9:00(上り始発)〜16:50(下り最終) 休悪天候および点検時 料往復1600円

↑晴れた日の富士山は爽快

↑ゴンドラは定員101名で、10〜20分おきに運行している

箱根園

↑正参道の石段を上って第五鳥居をくぐると、鮮やかな朱塗りの社殿が姿を現す

1200年以上信仰を集めてきた聖地
箱根神社にお参り
はこねじんじゃ

凛とした空気に包まれた境内を巡り、霊験あらたかな神様のパワーを体感。参拝のあとは芦ノ湖の絶景に癒やされたい。

歩く・観る●芦ノ湖周辺

御社殿
ごしゃでん

本殿と幣殿、拝殿が一体となった権現造りの荘厳な社殿。背後には珍しいヒメシャラの純林が広がり、すがすがしい空気に満ちている。

↑神奈川県の名木100選に指定されている

矢立の杉
やたてのすぎ

坂上田村麻呂が表矢を献じて勝利祈願したことが名の由来。樹齢1200年とも。

山の神が静かに鎮座する奈良時代創建の古社

天平宝字元年(757)、万巻上人が創建。古代から続く箱根の山岳信仰の中心地にあり、箱根大神を祀る。源頼朝や徳川家康など名だたる武将の崇敬を集めたことでも有名。老杉に囲まれた境内は神々しい雰囲気に包まれ、芦ノ湖の眺めも素晴らしい。

歴史ある関東総鎮守

箱根神社
はこねじんじゃ
MAP 付録P.14A-2
☎0460-83-7123
所 箱根町元箱根80-1
休 境内自由 交 元箱根バス停から徒歩10分
P 200台

↑深緑と木洩れ日が美しい

参道
さんどう

老杉が立ち並ぶ参道は神聖な雰囲気。特に、御社殿へ向かう石段が続く正参道は、厳かな気配が漂う。

↑参拝前に心身を清める場所

手水舎
てみずしゃ

流れ出る水で手と口をすすいで心身を清め、神様にお参りする。

↑龍の口から水が流れる

お札所
おふだしょ

お札やお守りなどの授与品はここで受けられる。石段の上と下2カ所にある。

→自分の願いにぴったりのお守りを探したい

龍神水
りゅうじんすい

九頭龍神社新宮前に湧く霊水。口にすると一切の不浄を清めてくれるという。自由に汲んで持ち帰り可。

→昭和27年(1952)、継宮明仁親王の立太子礼と講和条約締結を記念して建立された

平和の鳥居
へいわのとりい

芦ノ湖に立つ水上鳥居。正参道の石段下にあり、真っ青な湖と赤い鳥居のコントラストが目を引く。

立ち寄りスポット
権現からめもち
ごんげんからめもち
MAP 付録P.14 A-2

箱根神社奉納品の二品、箱根の"幸せ"と"エール"を参拝記念のおみやげに、大切な人に。
☎0460-83-5122 ◯10:00〜17:00(売り切れ次第閉店) ◯不定休

↑3色のかしわ餅、「大きな幸せのお福わけ」1150円

→「神社声援」(ジンジャエール)500円

箱根神社と一緒に両社参りをしたい

九頭龍神社本宮
くずりゅうじんじゃほんぐう
MAP 付録P.12 A-1

神秘的な伝承が残る龍神様を祀る神社

箱根大神の霊力を授かった万巻上人が、芦ノ湖で荒れ狂う毒龍を調伏し、九頭龍大神として祀ったのが始まり。芦ノ湖畔に鎮座する本宮のほか、箱根神社境内に新宮がある。参拝するには、本宮の月次祭(毎月13日)で運航される、専用の参拝船に乗るのが便利。

↑本宮の月次祭の様子

☎0460-83-7123(箱根神社) ◯箱根町元箱根 箱根九頭龍の森内 ◯9:00〜17:00 ◯無休 ◯箱根九頭龍の森入園料600円 ◯箱根園バス停から徒歩30分 Pなし

毎月13日は本宮の月次祭が行われる

九頭龍大神に感謝の心を捧げる祭り。良縁成就のご利益があるとされ、毎月良縁を願う人たちが集まる。

① 参拝受付
元箱根港で8時受付開始。乗船券購入後、祈祷申込は祈祷料2000円以上納める。

② 参拝船に乗る
9時10分出航。約20分の芦ノ湖遊覧を楽しみ、九頭龍神社本宮近くの桟橋へ向かう。

③ 月次祭
10時から神事が開始。祝詞(のりと)が奏上され、参拝者の名前や願い事が読み上げられる。

④ 湖水神事
10時55分、湖畔の斎場へ移動。受付時にもらった御供(ごく)を九頭龍大神に捧げる。

⑤ 弁財天社月次祭
境内の弁財天社での月次祭。参列は希望者のみで、九頭龍神社に改めてお参りしてもよい。

⑥ 終了し箱根神社へ
帰りの船は2便、最終は12時35分発。箱根神社へ戻り、札れと龍神水を受け取る。

※2021年4月現在、月次祭の一般の参列は休止。

箱根神社にお参り

箱根ドライブ

湖の向こうに富士山が見える！
高原の風を連れて
芦ノ湖を望む絶景ドライブ

スカイラインを走って、360度のパノラマビューを楽しみながら、話題のスポットを訪ねたい。

歩く観る ● 芦ノ湖周辺

1 道の駅 箱根峠
みちのえき はこねとうげ
MAP 付録P.2 B-4

神奈川県の道の駅第1号

箱根峠にある道の駅。展望台からは芦ノ湖や箱根の山を望むことができる。箱根の伝統工芸品、寄木細工も販売。

☎0460-83-7310 ㊋箱根町箱根381-22
営9:00～17:00、軽食コーナーは～16:00、駐車場・トイレ・公衆電話などは24時間 休無休 小田原西ICから約20km P23台

注目ポイント
十二丁園地
じゅうにちょうえんち
箱根外輪山の周廻歩道の入口にある。道の駅より高い場所から芦ノ湖が望める。

2 三島スカイウォーク
みしまスカイウォーク
MAP 本書P.2 B-4

気分爽快！日本最長の吊り橋

長さ400mの歩行者専用吊り橋で、橋を往復して眺めを堪能する新名所。富士山や駿河湾の大パノラマが広がる。

☎055-972-0084 ㊋三島市笹原新田313
営9:00～17:00 休無休 ¥1100円、中学・高校生500円、小学生200円 小田原西ICから約24km P400台

橋のたもとに併設された施設には、天井から花のシャンデリアが下がるショップ「スカイガーデン」などが整備されている。吊り橋を渡った先に、はセグウェイやロングジップスライドがあり、スカイパークやロングジップスライドツアーがリニューアル。2020年9月

↑芦ノ湖の向こうには箱根の山々が連なる

ちょっと寄り道

アネスト岩田スカイラウンジ
アネストいわたスカイラウンジ
MAP 付録P.2 C-4

アネスト岩田ターンパイク箱根の箱根方面の入口にある休憩所。富士山から房総半島まで360度を見渡せる。

☎0460-83-6591 ㊋湯河原町鍛冶屋955
営9:30～16:00 土・日曜、祝日7:30～17:00 休店舗により異なる(要確認)
小田原西ICから約15km P220台

↑絶景が楽しめる眺望ポイントがいくつもある

↑標高1030mの杓子峠　↑最も見晴らしが良い三国峠

3 芦ノ湖スカイライン
あしのこスカイライン
MAP 付録P.2 A-4

箱根峠から湖尻峠へ抜ける
芦ノ湖西岸の稜線に沿って延びる10.7kmの観光有料道路。大自然に囲まれて富士山の迫力ある景観が楽しめる。命の泉やメロディーペーブなどの見どころも忘れずに。
☎0460-83-6361　所箱根町箱根638
営7:00〜19:00　休無休　料一般区間800円、特別区間100円　交小田原西ICから約36km　Pあり

移動時間◆約1時間20分
おすすめドライブルート

芦ノ湖と富士山を見ながらのドライブを満喫。道の駅で情報収集をしたら、今、注目の三島スカイウォークにも立ち寄って、スカイラインを疾走したい。

小田原西IC
おだわらにしインターチェンジ
↓
アネスト岩田ターンパイク箱根、県道75号、国道1号
20km／25分

1 道の駅 箱根峠
みちのえき はこねとうげ
↓
国道1号
8km／10分

2 三島スカイウォーク
みしまスカイウォーク
↓
国道1号
8km／10分

3 芦ノ湖スカイライン
あしのこスカイライン
↓
芦ノ湖スカイライン
10.7km／13分

4 箱根スカイライン
はこねスカイライン
↓
箱根スカイライン
2.5km／3分

5 箱根・芦ノ湖展望公園
はこね・あしのこてんぼうこうえん
↓
箱根スカイライン、県道401号
12km／15分

御殿場IC
ごてんばインターチェンジ

4 箱根スカイライン
はこねスカイライン
MAP 付録P.2 A-2

壮大な眺めを楽しめる快適ルート
湖尻峠から御殿場へと向かう有料道路。見晴らしの良いワインディングロードからは、芦ノ湖スカイラインまでもが見渡せる。
☎0550-87-0226　所御殿場市神山
営8:30〜17:30（季節により変動あり）
休無休　料普通車360円
交小田原西ICから約25km　Pあり

↑芦ノ湖・箱根両スカイラインの分岐点である湖尻峠

↑御殿場へ向かうと左手に富士山が見える

5 箱根・芦ノ湖展望公園
はこね・あしのこてんぼうこうえん
MAP 付録P.2 A-2

標高1005mから望む雄大な景色
箱根スカイラインの途中にある展望台。南には芦ノ湖や箱根の街並みが広がり、振り返れば富士山が見える。
☎0550-87-0226　所御殿場市神山丸嶽落合
交小田原西ICから約27km　Pあり

↑芦ノ湖が眺められる駐車場があるので、のんびり休憩できる

芦ノ湖を望む絶景ドライブ

江戸時代の大名気分でハイキング
箱根旧街道・畑宿
はこねきゅうかいどう・はたじゅく

樹齢約400年の杉並木や江戸時代に整備された石畳の道など、風情あふれるハイキングコースとして人気がある。

鬱蒼とした杉並木と石畳から江戸時代の旅人の想いが甦る

「箱根八里」の通称で知られ、江戸時代の馬子唄にも歌われた箱根旧街道は、小田原宿から箱根芦ノ湖畔までの上り4里と、三島宿までの下り4里を合わせた街道のこと。江戸時代初期、幕府の官道として整備された道は標高差約700mもある急峻な山道のうえ、膝下まで浸かるほどの泥道の悪路だったという。

のちに当時としては近代的な石畳の道が完成したものの、旅人にとって苦難の道だったことに変わりはなかった。が、現在、その石畳は保存整備され、子どもから年配者まで楽しめるハイキングコースとして人気が高く、樹齢400年を誇る杉並木のたたずまい、畑宿の寄木細工、茶屋の休憩所などで往時を偲ぶことができる。

全長6km、のんびり歩いて2時間半から3時間の道のりを、江戸時代の旅人気分で巡ってみよう。

旧街道沿いに栄えた寄木細工発祥の地

畑宿は、旧街道沿いにあり、江戸時代、箱根越えの中間地点として人々が行き交っていた旧宿場町。日本の伝統工芸のひとつ、箱根寄木細工の発祥の地としても有名で、寄木の里とも呼ばれる。古くからの工房が点在し、職人たちの実演や、作品の展示が見られる施設や店が集まっている。寄木細工の新しい魅力を引き出そうと、さまざまな試みに挑む工房も現れている。

箱根越えの関所へ
箱根関所
はこねせきしょ
MAP 付録P.14 A-4

⇒再現された箱根関所の入口

江戸時代そのままの姿で復元された箱根関所。堂々としたたたずまいが、訪れる人を歴史の旅へと誘う。

江戸時代にタイムスリップした気分で、歴史の旅を楽しみたい

元和5年(1619)、徳川幕府が東海道に設けた箱根関所は、江戸時代の交通史を知るうえで欠かせない重要な遺跡。旧街道と芦ノ湖を一望する絶好のロケーションに、当時の姿をそのまま復元したのが現在の施設だ。明治2年(1869)の閉鎖から約150年の時を経て、当時の匠の技や道具を使って蘇った姿は、江戸時代の旅人さながらに訪れる者を緊張させる。資料館では高札や通行手形など、関所に関する基本的な資料を展示し箱根関所についてわかりやすく解説している。

☎0460-83-6635 ㊐箱根町箱根1 ㊇9:00〜17:00(12〜2月は〜16:30) 入場は各30分前まで ㊡無休 ㊄500円、小学生250円 ㊋箱根関所跡バス停から徒歩2分 Ⓟなし

関所にまつわる豆知識

関所通行手形とは?
江戸時代の通行証。旅の目的や氏名、居所などが記された書類。原則、男性の場合は手形がなくとも関所は通れたが、関所役人に不審者と疑われ通関に支障をきたす場合を想定し、大半が手形を持参してきた。

出女の取り調べ
江戸を出て西方へ向かい旅する女性を「出女(でおんな)」という。御留守居証文という特別の通行手形が必携。「出女」の髪型や身体的特徴が記載されており、箱根関所では証文の内容と「出女」の詳細な照合が行われた。

芦ノ湖の通行
現在は遊覧船やボートが行き交い釣り船で賑わう芦ノ湖だが、江戸時代は旅人が舟で往来することは禁止されていた。そのため関所の山側には遠見番所が設けられ、2人1組で待機する足軽が昼夜交代で監視していたという。

箱根関所資料館
はこねせきしょしりょうかん

MAP 付録P.14 A-4

関所について知る!

各種の関所手形のほか、関所破り、献上品の象が関所を越えたときの話など興味深い記録を紹介。

↑箱根関所の歴史を楽しく学べる

御制札場
ごせいさつば

箱根関所の役割が記された高札が掲げられ、威厳を放っている。

江戸口御門
えどぐちごもん

高さ6.1mあり江戸方面から来た旅人はこの門前で身支度を整え関所内に入った。

足軽番所
あしがるばんしょ

足軽の控室や寝室。関所破りなどの罪人を留置する獄屋(牢屋)などがある。

遠見番所
とおみばんしょ

唯一の2階建てで、2名の足軽が昼夜交代で芦ノ湖や街道沿いを見張っていた。

矢場 やば
役人が弓や鉄砲の練習を行った場所。江戸口御門の外側にある。

大番所 おおばんしょ
役人の詰所、取り調べ場所などがある関所内で最も重要な建物。

箱根関所資料館
御番所・茶屋
江戸口千人溜
足軽番所雪隠
上番所下雪隠
外張番所
鍵建・長柄建
京口千人溜

箱根関所

人力車で箱根散策へ
箱根じんりき
はこねじんりき

MAP 付録P.14 B-4

箱根の歴史や昔話を紹介しながら名所を巡ってくれる。さまざまなコースが用意されているので目的に合わせて利用できる。

☎090-3152-1398 ⏰9:00~17:00
休不定休 ¥2160円~ 🚌箱根関所跡バス停から徒歩5分 Pなし

↑凛々しい姿の車夫が案内

厩 うまや
役人の馬をつなぎとめ、掃除道具なども置いた場所。

三つ道具建
みつどうぐたて

刺股(さすまた)、突棒、袖がらみの3種類の捕り物道具が立てられている。

京口御門
きょうぐちごもん

江戸口御門の反対側にあり、京都方面から来た旅人はここから関所内に入った。

外繋 とつなぎ
頑丈な柱を組んで作られ、旅人の馬をつなぎとめた。

立ち寄りスポット

御番所茶屋
おばんしょちゃやや

MAP 付録P.14 A-4

箱根関所に隣接。芦ノ湖の遊覧船乗り場にも近く、湖を眺めながら名物の団子を食せば、江戸時代の旅人気分に。

☎0460-83-6355
所箱根町箱根6-3
⏰10:00~16:00 休不定休 🚌箱根関所跡バス停から徒歩3分 Pあり(有料)

→江戸時代をイメージした店内には売店もある

↓↑「みたらし団子アイス」430円は団子とアイスがベストマッチ(左)。団子とわらび餅の「お茶屋セット」570円(左下)。「甘酒」350円(右下)

箱根駅伝ミュージアム
はこねえきでんミュージアム

MAP 付録P.14 A-4

箱根駅伝の聖地。数々の名勝負の舞台となった場所にあるミュージアムでは、箱根駅伝の歴史を貴重な資料と写真で紹介。ヒストリーツアーも実施している。

↑往路フィニッシュ・復路スタート地点にある

☎0460-83-7511 所箱根町箱根167 ⏰10:00~16:30 休土・日曜、祝日9:30~17:00 入館は閉館の各30分前まで ¥500円~ 🚌箱根町港バス停からすぐ Pあり(ハンディキャップ専用)

箱根ハイキング

天下にその名を知られたかつての難所を歩く

東海道箱根八里を越える
とうかいどう はこねはちり

新緑や紅葉の季節がベストシーズン。足元は歩きやすいスニーカーかトレッキングシューズで。江戸の繁栄とともに多くの旅人が行き来した道をたどる。

1 箱根関所 ▶P.60
はこねせきしょ

MAP 付録 P.14 A-4

江戸の旅人気分で出発

東海道を行き交う人を取り締まるために設けられた関所を復元。芦ノ湖が一望できる絶好のロケーション。

↑江戸時代の様子をそのまま再現

2 旧街道杉並木
きゅうかいどうすぎなみき

MAP 付録 P.14 B-3

樹齢400年の大木が連なる

江戸時代の初め、箱根宿を設けたときに植えられたと伝えられる。現在、約400本の杉の大木が行き交う人を見守っている。

↑鬱蒼とした杉並木が続く

↑苔むした石畳から往時の静かなたたずまいが伝わってくる

3 旧街道石畳
きゅうかいどういしだたみ

MAP 付録 P.15 D-2

400年前の古道に往時を感じる

街道の中ほどに江戸時代の石畳を1kmにわたって保存。全行程を歩くのが大変な人も、ここだけは歩いて、風情を味わいたい。 交 旧街道石畳バス停からすぐ P なし

箱根旧街道周辺の癒やしスポットへ

かつて多くの旅人が行き来した旧街道は自然の宝庫でもある。都会では味わえない解放感を楽しみたい。

畑宿清流マス釣場
はたじゅくせいりゅうマスつりば

MAP 付録 P.15 F-2

渓流を利用して造られた公園

釣り用具は貸し出しがあり手ぶらで行っても楽しめる。子ども専用の水遊び場も併設している。

☎0460-85-6373 所 箱根町畑宿471 営 9:00(夏期8:00)～16:00 休 木曜(12～2月は火・水・木曜) ※GW、夏休みは無休 料 マス釣り3200円(セット3700円) ※別途施設使用料100円～が必要 交 畑宿バス停から徒歩5分 P 30台

↑家族連れや夏場の水遊びに最適

飛龍の滝
ひりゅうのたき

MAP 付録 P.2 C-3

神奈川県で最大規模の滝

上段15m、下段25mの2段に分かれた滝が豪快に流れ落ちる様子が、龍が飛ぶように見えることからこの名がついた。パワースポットとしても人気がある。

☎0460-85-5700(箱根町総合観光案内所) 所 箱根町畑宿 開休料 見学自由 交 畑宿バス停から徒歩30分 P なし

↑豪快な景観とともにマイナスイオンを浴びたい

| 歩く時間 ◆ 約1時間30分 |

箱根ハイキングルート

急坂が多い難所として知られた旧街道の山越えルート。緑豊かな自然と石畳の風情を味わいながら往時を偲んで歩きたい。

箱根関所跡バス停
↓ 徒歩約2分
1 箱根関所
↓ 徒歩約5分
2 旧街道杉並木
↓ 徒歩約35分
3 旧街道石畳
↓ 徒歩約40分
4 畑宿一里塚
↓ 徒歩約1分
5 守源寺
↓ 徒歩約1分
畑宿バス停

ひと休みスポット

趣ある茶屋で一服
甘酒茶屋
あまざけちゃや
MAP 付録P.15 D-2

江戸時代から400年以上続く老舗の茶屋。砂糖や添加物を使わずに作る甘酒と、杵でつく力餅が名物。
☎0460-83-6418 所箱根町畑宿二子山395-1 営7:00〜17:30（LO17:00）休無休 交甘酒茶屋バス停からすぐ P20台

→囲炉裏のある店内には座敷も

→力餅はいそべ、きな粉の「うぐいす」、黒ごまの3種類（各500円）

4 畑宿一里塚
はたじゅくいちりづか
MAP 付録P.17 E-4

江戸時代の旅人の道標

日本橋から数え、23番目にある塚。箱根町にあった3カ所の塚のなかで唯一、その形を今に残している。
交畑宿バス停からすぐ Pなし

↓今も行き交う人の目印に

5 守源寺
しゅげんじ
MAP 付録P.17 E-4

開運財福と慈悲の神

石畳の入口にあり、寛文元年（1661）に創建された日蓮宗の名刹。本堂脇に大黒天の社がある。
☎0460-85-5237 所箱根町畑宿167 開境内自由 交畑宿バス停からすぐ Pあり

→箱根七福神めぐりの大黒天でもある

東海道箱根八里を越える

恩賜箱根公園/湖畔展望館
おんしはこねこうえん／こはんてんぼうかん
MAP 付録P.14 A-3

明治時代の皇族の避暑地

旧箱根離宮跡地を利用した公園。園内を四季の花々が彩り、展望館のバルコニーから見る富士山の眺めも素晴らしい。
☎0460-83-7484 所箱根町元箱根171 開入園自由、展望館9:00〜16:30 休無休 料無料 交恩賜公園前バス停からすぐ P60台（有料）

↑芦ノ湖に面した半島からの眺めが秀逸

箱根やすらぎの森
はこねやすらぎのもり
MAP 付録P.2 B-4

芦ノ湖南岸で森林浴

緑豊かな自然が魅力で、森林セラピー®基地に認定されている。土や木々、花の香り、鳥の声や風の音など五感で森を感じられる。併設する森のふれあい館では動植物の展示を通して、自然の素晴らしさが学べる。

→バードウォッチングや季節の動植物を気軽に観察できる森のふれあい館
☎0460-83-6006 所箱根町箱根381-4 開9:00〜17:00（12〜2月は〜16:30）入館は各30分前まで 休無休（1・2月は臨時休館あり）料650円 交箱根やすらぎの森バス停からすぐ P80台

63

大自然の力が感じられる場所

大涌谷
おおわくだに

「大地獄」と呼ばれた大涌谷は、現在もなお噴煙が立ち込める荒涼とした大地。火山活動の迫力が感じられる。

歩く・観る ● 大涌谷

観光のポイント

自然研究路の途中には傾斜があるため、歩きやすい靴で。

火山性ガスに注意。目や喉に刺激を感じたらすぐ退去を。

自由研究路の入口や途中に設置された看板は必ず確認。

2021年4月現在、安全対策施設整備中のため、大涌谷自然研究路、大涌谷・湖尻探勝歩道へは立ち入り禁止。

まさに地獄の光景を連想させる壮大で荒々しい自然の息吹に圧倒

約3000年前、箱根火山の水蒸気爆発により神山が崩壊してできた大涌谷。現在も硫化水素を含む噴煙が噴き出し、立ち枯れた樹木や岩石が荒涼とした風景を形成している。かつては「地獄谷」と呼ばれていたが、明治時代に改称された。

MAP 付録P.7 E-3
営 9:00〜17:00
交 箱根ロープウェイ・大涌谷駅からすぐ

大涌谷延命地蔵尊
おおわくだにえんめいじぞうそん
MAP 付録P.7 E-3

「延命子育ての地蔵」として知られる

殺伐たる風景を目にした弘法大師が、地蔵菩薩を彫って人々の救済を祈願したのが始まりと伝えられる。

温かい泉が湧く「神泉の湯」が近くにある

大涌谷自然研究路
おおわくだにしぜんけんきゅうろ
MAP 付録P.7 E-3

火山活動を間近に観察できる

噴煙地付近まで続く片道約10分の遊歩道。歩きやすく整備され、迫力ある景色を眺めながら散策できる。

2021年4月現在、安全対策施設整備中のため立ち入り禁止

ダイナミックな地球の営みを体感
噴煙が上がる大涌谷を眺める

太古から続く火山活動により生み出された大涌谷。岩石が転がる荒涼とした大地の隙間から、白い噴煙が立ちのぼる様子を見ていると、大自然のすさまじいエネルギーが伝わってくる。

噴煙地
ふんえんち
MAP 付録P.7 E-3

自然の力強さが実感できる

白い噴煙が立ちのぼる地点。周辺は強い硫黄のにおいに包まれている。富士山を望む絶景スポットでもある。

→ 神奈川の「景勝50選」にも選ばれた

立ち寄りスポット

大涌谷名物「黒たまご」をおみやげに
大涌谷くろたまご館
おおわくだにくろたまごかん
MAP 付録P.7 E-2

大涌谷自然研究路にある玉子茶屋の温泉池で茹でたあと、さらに蒸して作る黒たまご。黒い殻は温泉成分の化学反応によるもので、1個食べれば寿命が7年延びるといわれる。黒たまごを販売するくろたまSHOPでは、オリジナルの大涌谷みやげも手に入る。

↑ 地熱と温泉成分で真っ黒に

☎ 0460-84-9635　所 箱根町仙石原1251
営 10:30~16:00　休 無休
交 箱根ロープウェイ・大涌谷駅からすぐ
P 150台（有料）

大涌谷が一望できる展望スペース
箱根ロープウェイ 大涌谷駅
はこねロープウェイ おおわくだにえき
MAP 付録P.7 E-2

箱根ロープウェイ（P.68）の大涌谷駅には、ショップやレストランが併設され、店の窓からは、噴煙が上がる大涌谷周辺の景色を一望することができる。

☎ 0460-84-8437
営 9:00~17:00　※季節により異なる
休 荒天時

→ 大涌谷の限定グッズも

1階 大涌谷 駅の店
おおわくだに えきのみせ
箱根ロープウェイのオリジナルグッズなどを販売。
営 9:15~17:00（季節により異なる）　休 無休

2階 大涌谷 駅食堂
おおわくだに えきしょくどう
噴煙地が一望できる眺望抜群の店内で食事ができる。
営 10:30~16:30（LO16:00）（季節により異なる）
休 無休

↑ 大涌谷カレーが大人気。温玉は別売り

大涌谷駅前の絶景スポット
谷のテラス大涌谷
たにのテラスおおわくだに
MAP 付録P.7 E-2

目の前に冠ヶ岳などの山々、地表から吹き上がる噴煙という大涌谷の壮大な風景が広がる、大涌谷駅前のスペース。新たな絶景スポットとして注目だ。

→ 駅前の展望スポット

☎ 0465-32-2205（箱根ロープウェイ）
営休料 見学自由

箱根の山を上る乗り物
VEHICLES IN HAKONE

新型車両登場で注目の山岳鉄道
箱根登山電車
はこねとざんでんしゃ

箱根の山をスイッチバックしながら上る電車は、四季折々に移り変わる豊かな自然が車窓を流れ、車内アナウンスも臨場感にあふれる。

▲車両には色も形もさまざまな種類がある

MAP 付録P.16 C-1
☎0465-32-6823（箱根登山鉄道鉄道部、9:00～17:00）

パノラマワイドな新型車両が急勾配をジグザグ進むユニーク走行

　箱根登山鉄道・箱根湯本駅と強羅駅を結ぶ箱根登山電車は世界有数の山岳鉄道。標高差445mにおよぶ箱根湯本駅～強羅駅間を約40分で結ぶ。進行方向を変えながらジグザグに登るスイッチバック走行や、半径30mの急カーブ、谷底まで43mある早川橋梁など見どころも充実。梅雨どきは「あじさい電車」の愛称で親しまれ、最新車両「アレグラ号」は足元までガラス張りのスタイリッシュな展望型車両が注目の的だ。

箱根の夏の風物詩
あじさい電車 あじさいでんしゃ

アジサイが開花する季節、沿線の6カ所でライトアップを実施。満開のアジサイがライトアップされる幻想的な風景が楽しめる。

期 6月中旬～7月上旬

鉄道職員が手塩にかけたアジサイは約1万株で、沿線各所に咲き誇り目にも鮮やか。標高差のため箱根湯本から強羅にかけて開花はゆっくり進み、6月中旬から7月上旬まで見頃が続く。

箱根登山電車

注目ポイント
大文字焼き だいもんじやき
毎年8月16日に明星ヶ岳で行われる盂蘭盆の送り火。点火と同時に花火の競演も見られる。

注目ポイント
車内からアート鑑賞
近・現代を代表する国内外の前衛的なアートを展示する箱根彫刻の森美術館。屋外に展示された作品群は、車内からも見ることができる。

運賃&所要時間早見表

箱根湯本	140円 3分	190円 16分	270円 26分	370円 31分	410円 35分	410円 37分
	塔ノ沢	140円 13分	230円 23分	320円 28分	370円 32分	370円 34分
		大平台	140円 10分	190円 15分	230円 19分	270円 21分
			宮ノ下	140円 5分	140円 9分	140円 11分
				小涌谷	140円 4分	140円 6分
					彫刻の森	140円 2分
						強羅

運賃 / 所要時間

経路 & 運賃
箱根湯本駅発6:12～22:33（土・日曜、祝日22:37）、強羅駅発5:45～22:16（土・日曜、祝日22:11）、日中は約15分間隔で運行。

山の気配をまとって走行する
箱根登山ケーブルカー
はこねとざんケーブルカー

急斜面を時速12kmで上るケーブルカー。
車窓からの眺めも素晴らしく、
アジサイが咲く沿線は秋の紅葉も見事だ。

↑ケーブルでつながれた車両は頂上の滑車で上げ下げして運行している

早雲山に向けて急勾配を一直線で走る
2020年に登場した車両は鮮やかな赤と青

箱根登山電車の終点・強羅駅と箱根ロープウェイ乗り場のある早雲山駅までの1.2kmを約10分で結ぶ。高低差209mの山道を力強く走るのは、2両編成のケーブルカー。箱根の景色に調和するシンプルなデザイン。車内は傾斜に合わせた階段状で、景色がよく見えるよう窓も大きい。箱根の山々の風景を楽しむなら、谷側に座るのがおすすめ。早雲山駅近くの見晴らしは抜群だ。

MAP 付録P.16 C-1　☎0465-32-6823(箱根登山鉄道 鉄道部、9:00～17:00)

●公園上駅

経路＆運賃
強羅駅、早雲山駅ともに発車時刻は8:25～18:20。日中は約15～20分間隔で運行する。

運賃＆所要時間早見表

強羅	90円	170円	250円	340円	430円	
標高541m	2分	3分	5分	7分	10分	
	公園下	90円	170円	250円	340円	
	標高574m	1分	3分	5分	8分	
		公園上	90円	170円	250円	運賃
		標高611m	2分	4分	7分	所要時間
			中強羅	90円	170円	
			標高654m	2分	5分	
				上強羅	90円	
				標高703m	3分	
					早雲山
					標高750m

箱根登山電車／箱根登山ケーブルカー

知っておきたい箱根登山電車のキホン

R30の急カーブ
沿線各所にある急カーブ。前車両から後車両が見えるほど。曲線半径30mのカーブを曲がるために車体が短い。

スイッチバック
出山信号場、大平台駅、上大平台信号場のスイッチバックでは、進行方向が逆になるため、運転士と車掌が入れ替わる。

注目ポイント
早川橋梁 はやかわきょうりょう
塔ノ沢駅～大平台駅間に架かる日本最古の鉄道橋。鉄橋下約43mには早川が流れ、紅葉時は壮観。国の有形登録文化財。

67

箱根ロープウェイ

大パノラマを眼下に空中散歩

はこねロープウェイ

箱根山や芦ノ湖、圧倒的な美しさを見せる富士山はもちろん、晴れた日は相模湾から東京スカイツリーまで見渡せるパノラマ絶景を四季折々に楽しめる。

ゴンドラ風景
桃源台駅〜姥子駅
雄大な富士山と箱根連山の間に、芦ノ湖を海賊船が航行する様子が見られる。

歩く・観る●箱根の山を上る乗り物

空から箱根の自然を楽しむ絶景ロープウェイ

桃源台駅から姥子駅、大涌谷駅、早雲山駅まで4km。4駅を経て片道約30分の空中散歩は距離も高さも世界有数。桃源台駅を出発すると、ロープウェイは標高1044mの大涌谷駅を目指して芦ノ湖を眺めながらぐんぐん上る。噴煙が上がる大涌谷を眼下にし、頂上手前ではダイナミックな富士山が現れて一気に大迫力のパノラマが開ける。大涌谷駅から早雲山駅まではゆっくり降下する鳥の気分が味わえる。

MAP 付録P.7 D-2
☎0460-84-8439(箱根ロープウェイ桃源台駅)
9:00〜17:00(季節により異なる) 休荒天時
Pあり(早雲山駅、大涌谷駅・有料、姥子駅、桃源台駅)

※大涌谷周辺は火山活動の影響により、火山ガスが発生している。詳細はHPで要確認。

経路＆運賃
運行区間は早雲山駅〜桃源台駅で、9:00〜17:00(季節により異なる)に18人乗りのゴンドラが約1分間隔で運行している。

運賃＆所要時間早見表

早雲山	950円	1250円	1550円	運賃 往復運賃 所要時間
	1700円	2250円	2800円	
	8分	16分	24分	
大涌谷		950円	1250円	
		1700円	2250円	
		8分	16分	
姥子			950円	
			1700円	
			8分	
桃源台				

※掲載している運賃、往復運賃は2021年4月現在のものです

箱根ロープウェイはここがすごい！

フニテル方式
2本のロープの間隔をゴンドラの幅より広くとり、ゴンドラとロープの間を短くして、風に強くなるように工夫されている。風速30mまで耐えられるので、旧型のものより運休が少ない。

抜群の眺望
早雲山駅と大涌谷駅の標高差が287m。地上から約130mの谷を越えるポイントがあり、大涌谷や芦ノ湖、富士山のほか、天気が良ければ湘南エリアや東京周辺の景色まで楽しめる。

バリアフリー
360度景色を見渡せる、四方がガラス張りのスイス製のゴンドラは、定員18人とゆったりとした造りになっている。乗降口はバリアフリーで段差がないので、車いすもOK。

ゴンドラ風景
姥子駅～大涌谷駅
大涌谷駅が近づくと四季折々に表情を変える富士山が大迫力で迫る。

ゴンドラ風景
大涌谷駅～早雲山駅
その昔「地獄谷」と呼ばれた谷が現れる。白煙が上がり、硫黄のにおいが立ち込める。

桃源台駅 標高 741m
とうげんだいえき
芦ノ湖湖畔にあり、箱根海賊船やバスの発着所につながっている。
駅の施設 レストラン、売店
周辺の観光スポット
芦ノ湖 → P.50

姥子駅 標高 878m
うばこえき
旧型ゴンドラの屋外展示があり、周辺のハイキングコースも人気。
駅の施設 ゴンドラ庭園

大涌谷駅 標高 1044m
おおわくだにえき
駅構内からも大涌谷の様子が眺められる。早雲山駅方面と桃源台駅方面の乗換駅。
駅の施設 レストラン、売店
周辺の観光スポット
大涌谷 → P.64

早雲山駅 標高 757m
そううんざんえき
箱根登山ケーブルカーとの接続駅。展望テラスから明星ヶ岳を一望。
駅の施設 売店、展望テラス
周辺の観光スポット
箱根登山ケーブルカー → P.67

※2021年4月現在、大涌谷周辺のハイキングコース、自然研究路は立ち入り禁止

箱根ロープウェイ

四季の風景を楽しむ
ロープウェイが通るルートは、季節によってさまざまな表情を見せる。

春
桜が山を染め、萌えたつ箱根連山や富士山は堂々たる眺め

夏
緑の海が広がる7月は、アジサイが山肌に彩りを添える

秋
燃えるような紅葉に、360度包まれる贅沢な景観

冬
空気が澄み、白く染まった富士山をクリアに眺められる

爽やかな風が吹く高原地帯
仙石原
せんごくはら

群生するススキが黄金色に輝く草原や、湿原に生息する植物たちは、仙石原ならではの自然の風景。広々とした高原に点在する数々の美術館やこだわりのレストランも見逃せない。

歩く・観る ●仙石原

道路側からの景色
↑やや離れた位置から全体を一望。まさに金色の海のようだ

散策路からの景色
↑草原の中を歩きながら、背丈ほどのススキを間近で観察できる

↑見渡す限りどこまでも続くススキの群れ。緑の茎と金色の穂が交じる初秋の景観が美しい

圧巻のススキ草原を散策し珍しい湿原植物を愛でる

約2万年前の噴火によってできた火口原湖に、3000年ほど前に神山の大規模な爆発によって大量の岩が流れ込み、川の流れをせき止めて、やがて湿原高原となった。地名については諸説あるが、仙石秀久という戦国武将の名前が由来という説が有力。また、鎌倉時代に源頼朝がこの地を「開墾すれば米千石はとれる」と言ったことが起源ともいわれている。仙石原といえば群生するススキ。もとは茅葺き屋根の材料として植えられたものだが、時代とともにニーズが代わり、現在では重要な観光資源となっている。

↓3月頃に開花し春の訪れを告げる箱根湿生花園のミズバショウ

仙石原のススキ草原
せんごくはらのススキそうげん
MAP 付録P.4 C-4

深まりゆく秋とともに日々美しさを増す金色の絨毯

台ヶ岳の北西麓一帯は、広大なススキの群生地。初秋を迎えると徐々に色づきはじめ、晩秋にはあたり一面が見事な黄金色に染まる。秋の日差しを受けてキラキラと輝く様子は、息をのむ美しさ。「かながわの景勝50選」にも選ばれており、毎年9～11月は大勢の観光客で賑わう。

☎0460-85-5700(箱根町総合観光案内所)
所 箱根町仙石原 交 仙石高原バス停からすぐ
P なし(9～11月は臨時無料駐車場あり)

季節ごとの景色を楽しむ

夏
↑夏の青空に若々しい緑のススキが映え、爽やかな景色が目にまぶしい

見学information

時間帯で景色が変わる

一日のなかでも太陽の位置や光の加減で表情が変化。明るい陽光に輝く昼間は黄金色だが、逆光で見ると銀色に見え、夕暮れどきには幻想的な風景になる。

冬
↑氷点下になることが多く、霧氷に覆われたススキ草原が見られる

↑約1700種の珍しい湿生植物が集められている

箱根湿生花園
はこねしっせいかえん
MAP 付録P.4 C-3

湿地に生える植物を集めた
日本で最初の湿原植物園

湿原や川、湖沼などの湿地に生育する植物を中心とした植物園。日本各地に点在する湿地帯から、草原や林、高山の植物に、珍しい外国の山草まで、その種類は約1700。園内には散策路が設けられ、低地から高山へ、低層湿原から高層湿原へと順に植物を見てまわれる。

☎0460-84-7293 所箱根町仙石原817
営9:00～17:00 休12月1日～3月19日 料700円
交湿生花園前バス停からすぐ P90台

↑木道の散策路をたどって、色とりどりの花々をゆっくり眺めたい

こんな花が見られます

季節に見られる花

春 フクジュソウが春の訪れを告げ、4月上旬にはミズバショウが見頃に。5月になると湿原の花々が咲き競う。

（春に見られる植物）
ミズバショウ、フクジュソウ、カタクリ、サクラソウ、キレンゲツツジ、カキツバタ

夏 6月は湿原が最も華やぎ、園内には100種類以上の花が咲く。7月下旬からはヤマユリやキキョウが夏を彩る。

（夏に見られる植物）
ニッコウキスゲ、ヤマボウシ、ヤマユリ、キキョウ、ハマナス、エゾリンドウ、ヤマアジサイ

秋 お盆を過ぎると秋の花が真っ盛りに。ススキが色づく10月にはハマラッキョウやミズトラノオが見頃となる。

（秋に見られる植物）
リンドウ、サクラタデ、ススキ、ミズトラノオ、ハマラッキョウ、イワシャジン、アサマフウロ

仙石原

エゾキスゲ
6～7月
北海道の海岸や草原に自生。夕方に花開き、翌日の午後に閉じる

ヘメロカリス
6～8月
たった1日しか咲かない短命の花で、別名「デイリリー」

ブルーポピー
4～5月
ヒマラヤに咲く「青いケシ」として有名。神秘的な青色が美しい

イワタバコ
6～8月
谷間の湿った岸壁などに着生し、紫色をした星形の花を咲かせる

ポンテデリア
5～10月
北米原産の水生植物。高さ1m近くまで生長し淡い青紫色の花が穂状に咲く

箱根湯本・塔之沢

箱根旅の玄関口で食と癒やしを堪能

はこねゆもと・とうのさわ

箱根旅の拠点となる箱根湯本駅。駅前の商店街はみやげ物店や食事処が軒を連ね、塔ノ沢にかけては日帰り温泉も点在。宿も多彩で、温泉旅が満喫できるおすすめのエリアだ。

↑早川の流れに沿って、温泉宿が立ち並ぶ

街歩きのポイント
- 箱根湯本駅前にある箱根町総合観光案内所で観光情報を入手
- 箱根湯本商店街には食事処、カフェなどが多数あるので、食べ歩きも楽しい
- 商店街の喧騒を避けるなら早川沿いをのんびり歩くのもおすすめ

箱根で最古の歴史ある温泉 駅前の商店街では食べ歩きも楽しい

箱根湯本駅前には賑やかな商店街が延び、みやげ物店や食事処、カフェなどが軒を連ねる。温泉宿も老舗宿から庶民的な宿まで多彩。歴史があるだけに見どころも多く、温泉の守護神を祀る湯本熊野神社、北条早雲ゆかりの早雲寺などが点在する。寛永2年(1625)創業の萬翠楼福住は国の重要文化財。

緑に囲まれた静かな温泉街 風情ある宿での滞在を楽しみたい

箱根湯本商店街の喧騒を抜けたあたりに静かな温泉街がある。周辺を木々で囲まれ、落ち着いた風情に包まれるなか、純和風の日本旅館が点々と並ぶ。明治以降には伊藤博文や福沢諭吉が訪れたほか、静かな老舗旅館は文人墨客に愛され、夏目漱石、島崎藤村、川端康成などが逗留した記録が残る。

後北条氏5代の墓をはじめ 多くの文化財が残る
早雲寺
そううんじ

MAP 付録P.17 F-2

北条早雲の遺言で息子の氏綱が大永元年(1521)に創建した臨済宗大徳寺派の古刹。本尊は釈迦如来。後北条5代の墓、連歌師・宗祇の碑が残る。

☎0460-85-5133 所箱根町湯本405 開6:00～16:00 夏期5:00～17:00 休無休 料無料
交箱根登山鉄道・箱根湯本駅から徒歩15分 P10台

↑豊臣秀吉の小田原攻めで焼失したが寛永4年(1627)に再建された

↑参道には約1000株のアジサイが咲き、箱根のアジサイ寺と呼ばれる。3～4月には新たに植えられた椿の花が境内を彩る

琵琶演奏で知られる 皇女和宮ゆかりの寺
阿弥陀寺
あみだじ

MAP 付録P.11 D-1

木食遊行で名高い弾誓上人が開山。皇女和宮の香華院で、皇女和宮を偲ぶ住職の琵琶の語りで知られる。本堂には百万遍転法輪がある。

☎0460-85-5193 所箱根町塔之沢24 開9:00～17:00 休無休 料無料 交箱根登山鉄道・塔ノ沢駅から徒歩20分 P15台

箱根湯本駅
箱根旅行の行きや帰りに利用して、快適な旅を！
駅ナカ グルメ & ショッピング

箱根旅行の要所となる駅には、便利なサービスやみやげ店、カフェなどが揃う。

箱根湯本駅
はこねゆもとえき
MAP 付録P.17 F-1
☎0460-85-5033　所箱根町湯本白石下707-1
営5:20〜23:45
休無休　Pなし

↑現地ならではの情報も集まる

information

箱根キャリーサービス
改札内にあるカウンターで手荷物を預ければ、その日のうちに宿泊する宿に届けてくれる。同じように、帰りも宿から駅まで運んでくれる。箱根山内にある約260の旅館やホテルが対象。
☎0460-86-4140
営8:30〜19:00（箱根湯本駅受付は〜12:30、宿での受け取り15:00〜、宿受付は〜10:00、箱根湯本駅受け取り13:30〜19:00）
休無休

コインロッカー
ホーム内、正面口付近、1階タクシー降車場の3カ所に、大小200個以上のロッカーがある。

観光案内所
旅のサポートをしてくれる総合案内所と、当日宿泊可能な宿を探してくれる案内所があるので利用しよう。

カタログコーナー
箱根の観光施設に関するパンフレットを並べたコーナーがあり、イベント情報もここで得られる。

お弁当から民芸品まで
箱根の定番みやげが勢揃い
箱根の市
はこねのいち
MAP 付録P.17 F-1

箱根湯本駅改札を出ると目の前にある。温泉まんじゅうや寄木細工などの名産品から、30種類以上のお弁当、お菓子など品数豊富に揃う。箱根観光の帰りにまとめてみやげを調達できる。
☎0460-85-7428
営9:00〜20:00
休無休

➡駅弁もここで

箱根街道2本セット 2137円
箱根の地酒を扱う蔵元の吟醸酒と梅酒のセット

贅・箱根よくばり弁当 1030円
箱根山麓豚や小田原鯵ずしなど地元の食材が詰まっている

わさびオイルふりかけ 680円
さまざまな料理に使えるスグレもの

黒チョコ（12個入り） 500円
大涌谷の黒い温泉卵をイメージしたチョコ

ドリップコーヒーとデリ
焼きたてのパンがずらり
箱根カフェ
はこねカフェ
MAP 付録P.17 F-1

箱根湯本駅改札のすぐ横にある。手作りパンやドリンクを、店内、テイクアウトのどちらでも利用できる。また箱根プリンなど、箱根カフェ・スイーツショップのスイーツも食べられる。

↑改札の外にあるゆっくりくつろげるソファ席もある
☎0460-85-8617
営10:00〜17:00（季節により変動）
休不定休

箱根の甘い、新定番みやげ
人気上昇のスイーツ
箱根カフェ・
スイーツショップ
はこねカフェ・スイーツショップ
MAP 付録P.17 F-1

こだわり抜いた食材を使った箱根ロールと箱根プリンが看板商品。そのほか、季節のスイーツやデザートドリンクも販売。
☎0460-85-8617　営10:00〜17:00
休無休
※2021年4月現在休業中

カレーパン 320円
具材に入った福神漬けがアクセントに

箱根プリン 350円
長壽卵とミルクで作ったプリン

↑改札内にあるスイーツショップ

箱根ロール プレーン 1400円
ふんわりもっちりの生地

駅ナカグルメ&ショッピング

A ステーキハウス吉池
ステーキハウスよしいけ
MAP 付録P.17 D-2
黒毛和牛を本格的な鉄板焼きで

全席がゆったりとしたカウンターで、黒毛和牛のステーキをはじめ、新鮮な魚介などを炎のパフォーマンスで楽しませてくれる。3000円以上で、日帰り入浴の割引がある。

⇧池と緑の中庭を望む
⇧フィレ肉かサーロインを選べる鉄板焼きステーキランチ（注文は2名以上）

☎0460-85-5714 所箱根町湯本597 箱根湯本温泉 吉池旅館1F 営11:00～15:00(LO14:30)、17:00～20:30(LO19:30) 休不定休 交箱根登山鉄道・箱根湯本駅から徒歩7分 P70台

3500円（税別）

B 福久や 九頭龍餅
ふくや くずりゅうもち
MAP 付録P.17 E-2
良縁にご利益？ 箱根の新名物

縁結びで知られる九頭龍神社をイメージした九頭龍餅専門店。餡は北海道十勝産の北海大納言小豆、生地は佐賀県産のヒヨクモチを中心としたもち粉を使用し、店内の工房で作っている。

⇨1個120円

⇧小豆、米粉、ジャガイモなど国産の原料だけを使用

☎0460-85-8818 所箱根町湯本729 営9:00～17:30(土・日曜、祝日は～18:00) 休不定休 交箱根登山鉄道・箱根湯本駅から徒歩5分 Pなし

⇧店頭には足湯（大人200円）もある

おみやげ三昧、グルメ三昧
活気あふれる箱根湯本商店街へ

箱根観光の拠点となる箱根湯本の駅前通りには、みやげ物屋や食事処が50店舗ほど軒を連ねている。

MAP 付録P.17 F-1
☎0460-85-7751（箱根湯本観光協会） 所箱根町湯本 営店舗により異なる 交箱根登山鉄道・箱根湯本駅からすぐ Pあり

C ちもと
MAP 付録P.17 E-2
箱根の定番の和菓子

看板商品の湯もちは、箱根の定番みやげ。箱根八里の鈴をかたどった最中やわらび餅なども人気。お菓子は、隣のカフェで抹茶などとともに味わうことができる。

☎0460-85-5632 所箱根町湯本690 営9:00～17:00 休年5日程度不定休 交箱根登山鉄道・箱根湯本駅から徒歩5分 P2台

⇨260円
⇧ほんのりゆずが香る細かく刻んだようかん入りのやわらかい餅

D 画廊喫茶ユトリロ
がろうきっさユトリロ
MAP 付録P.17 E-2
芸術作品があるくつろぎ空間

箱根湯本の天然湧水を使った自家焙煎珈琲をはじめ、カレー、スイーツなどが人気。近代フランスの画家モーリス・ユトリロや、平賀敬などの本物の絵画や作品が展示されている。

☎0460-85-7881 所箱根町湯本692 営9:00～20:00 休不定休 交箱根登山鉄道・箱根湯本駅から徒歩4分 Pなし

⇨1100円
⇧仕上げまで1週間を要するという特製カレーライス

E 杉養蜂園 箱根湯本店
すぎようほうえん はこねゆもとてん
MAP 付録P.17 E-1
養蜂園直営のハチミツ店

熊本、秋田、北海道と、季節の推移とともに花を追いかけて巣箱ごと移動し、自社で蜂を育てる。この自社養蜂場で採れた国産ハチミツやマヌカ蜜、また、プロポリス、ローヤルゼリーなどのサプリやコスメを販売。

☎0460-85-7183 所箱根町湯本704 営9:00～18:00(季節により変動) 休不定休 交箱根登山鉄道・箱根湯本駅から徒歩2分 Pなし

⇨320円
⇧ハチミツ入りソフトにメープルハニーをたっぷりかけて

F 竹いち
たけいち
MAP 付録P.17 E-1
職人技のすり身団子がおいしい!
石臼ですりつぶした白身魚に野菜を混ぜて揚げたすり身団子専門店。春は大葉、夏は枝豆、秋はシイタケ、冬はイカゲソが入った季節限定品もある(要予約)。
☎0460-85-6556 所箱根町湯本729 営9:00～18:00 休木曜 交箱根登山鉄道・箱根湯本駅から徒歩4分 Pなし

➡玉ネギ入りとゴボウ入りのすり身団子(写真は店頭での試食用)

12個入り1814円

G 湯本ハイカラ中華 日清亭
ゆもとハイカラちゅうか にっしんてい
MAP 付録P.17 E-1
中国古来の手法の自家製麺
創業約100年、太い竹棒に全身を乗せて打つ昔ながらの平打ち麺を使ったラーメンをはじめ、手ごろな定食類が充実。広東料理から丼もの、甘味点心も味わえる。
☎0460-85-5244 所箱根町湯本703 営11:00～15:00 17:00～20:30(LO20:00) 休火曜(祝日の場合は営業)、月曜不定休 交箱根登山鉄道・箱根湯本駅から徒歩4分 P4台

➡唐辛子と自家製のラー油を使った酸辣湯麺

935円

足をのばして 箱根・ルッカの森
はこね・ルッカのもり
MAP 付録P.11 E-2
和菓子の名店「菜の花」が作る洋菓子
地元素材の湘南ゴールドと波照間黒糖を使った沖縄黒糖の2種類のバウムクーヘンをはじめ、焼きモンブランやチーズスフレなどの洋菓子が店内に並ぶ。
☎0460-85-6222 所箱根町湯本307 営9:00～18:00(土・日曜、祝日は～18:30) 休無休 交箱根登山鉄道・箱根湯本駅から徒歩8分 P10台

1260円

➡パリパリ焼きモンブラン4個入り

- S 箱根カフェ・スイーツショップ P.73
- B 福久や 九頭龍餅
- F 竹いち
- G 湯本ハイカラ中華 日清亭
- H 萬翠楼福住 P.83/P.125
- E 杉養蜂園 箱根湯本店
- S 箱根の市 P.73
- C 箱根カフェ P.73
- R 知客茶家 P.110
- I 菊川商店
- R 茶房うちだ P.119
- S 豆腐処 萩野 P.114
- D 画廊喫茶ユトリロ
- R 鯛らーめん 麺処 彩 P.115
- J 箱根sagamiya
- R はつ花そば 本店 P.112
- C ちもと
- R 湯葉丼 直吉 P.110
- 湯処 早雲 P.77
- A ステーキハウス吉池
- 吉池旅館
- 弥次喜多の湯 P.77
- 湯本富士屋ホテル
- R 箱根かれー 心 P.115

活気あふれる箱根湯本商店街へ

H 田雅重
たがじゅう
MAP 付録P.17 F-1
名物のかまぼことわさび
かまぼこをはじめ、海産物や漬物など、地元名産品を扱っているみやげ処。人気はシコシコした食感の焼きぼこと国産わさびを使用した風味豊かなあらぎりわさび。
☎0460-85-5770 所箱根町湯本702 営9:00～17:30 休木曜 交箱根登山鉄道・箱根湯本駅から徒歩2分 Pなし

6枚入り1296円

➡人気商品の焼きぼこは、あらぎりわさびとの相性がぴったり

I 菊川商店
きくかわしょうてん
MAP 付録P.17 F-1
カステラ焼箱根まんじゅうは必食
半世紀以上にわたり箱根名物として人気を博しているカステラ焼箱根まんじゅうのほか、かまぼこや干物、寄木細工や箱根みやげを扱っている。
☎0460-85-5036 所箱根町湯本706-17 営8:00～19:00 休木・金曜 交箱根登山鉄道・箱根湯本駅からすぐ Pなし

➡店頭で実演販売をしているので、焼きたてが食べられる箱根まんじゅう

1個70円

J 箱根sagamiya
はこね サガミヤ
MAP 付録P.17 F-1
手作りの木の実スイーツ
焼き菓子のほか、木の実を使ったスイーツの専門店。見た目にもかわいいスイーツが十数種類あり、木の実をふんだんに使ったナッツヴェセルが人気。
☎0460-85-6610 所箱根町湯本706-35 営9:00～17:00 休無休 交箱根登山鉄道・箱根湯本駅からすぐ Pなし

➡しっとり口どけのよい山のブラウニー

285円

効能たっぷりの湯に浸かる
日帰り湯で癒やしのひととき

豊富な湯量を誇る箱根湯本の温泉。
多彩な風呂が楽しめる大型温泉施設が人気

↑周囲の自然と一体となった洞窟風呂（女湯の野天風呂）。天山湯治郷

風情ある多彩な野天風呂と湯上がり処が充実

天山湯治郷
てんざんとうじきょう

箱根湯本 MAP 付録P.10 B-3

源泉100％かけ流しで冬でも高温で湧き出す豊富な湯量を誇り、一年中加水せず、浴槽ごとに泉質と温度が異なる男湯5湯、女湯6湯がある。滋養料理やしゃぶしゃぶの店、カフェやみやげ処などもあり、のんびりとくつろげる。

☎0460-86-4126 所箱根町湯本茶屋208 営9:00～23:00（入場は～22:00）休12月中旬頃 料1300円、1歳～小学生650円 交箱根登山鉄道・箱根湯本駅から湯本旅館送迎バスで10分（有料）P140台

温泉 DATA
風呂数	露天風呂：9、内湯：2、貸切風呂：0（ほか女湯に蒸し風呂・サウナ、男湯に窯風呂あり）
泉質	塩化物泉、単純温泉（アルカリ性）

↑川風が気持ちいい須雲川沿いの休憩処「ざしきぼっこ」
↑古代檜に漆塗りを施した湯殿

首都圏最大級19室の貸切個室露天風呂

箱根湯寮
はこねゆりょう

塔之沢 MAP 付録P.10 C-2

古民家風の里山をイメージした館内には明治～大正時代の家具や調度品が置かれ、全19室の貸切個室露天風呂を完備。絶景露天風呂や囲炉裏料理が楽しめる食事処、リラクセーション施設がある。

☎0460-85-8411 所箱根町塔之澤4 営10:00～20:00（土・日曜、祝日は～21:00）入場は各1時間前まで 休無休 料1500円、小学生1000円 交箱根登山鉄道・箱根湯本駅から無料送迎バスで約3分 P92台

温泉 DATA
風呂数	露天風呂：6、内湯：2、貸切風呂：19（別途貸切利用料が必要）※ほか水風呂あり
泉質	単純温泉（アルカリ性）

↑里山の景色を一望する大浴場（左）。個室は3タイプで、2～4名が利用でき、予約は1カ月前から受け付けている（右）

※風呂数は男性用・女性用の総数を表示しています。

バイキングと組み合わせたプランが人気

湯処 早雲
ゆどころ そううん

箱根湯本 **MAP** 付録P.17 F-1

ゆったりとした内湯の大浴場のほか、檜と岩の露天風呂、貸切可能な家族風呂などがある。昼食を組み合わせた湯三昧プラン4650円～(要予約)で、食事はバイキング、和食、中華から選べる。

☎0460-85-6111
(湯本富士屋ホテル)
所 箱根町湯本256-1
営 12:00～20:00　休 無休
料 1800円、小学生1000円、幼児500円　交 箱根登山鉄道・箱根湯本駅から徒歩3分　P 150台

温泉DATA
風呂数	露天風呂:2、内湯:1 貸切風呂:4 (別途貸切利用料が必要)
泉質	単純温泉(アルカリ性)

↑さらりとした湯は美肌効果が高い

↑貸切で利用できる家族風呂(上)。露天は岩風呂と檜風呂の2種類(下)

温泉街にある素泊まりならぬ湯泊まりの湯

弥次喜多の湯
やじきたのゆ

箱根湯本 **MAP** 付録P.17 E-2

かつては旅館だったが、立ち寄り湯と素泊まりの宿となり、内風呂、露天風呂、ジャクジー露天風呂、桶風呂、サウナ、上がりの湯の6つの風呂が楽しめるほか、有料の貸切風呂も2つある。

☎0460-85-6666
所 箱根町湯本694
営 10:00～21:00　休 木曜
料 1000円、子供500円(土・日曜、祝日1200円、子供600円)
交 箱根登山鉄道・箱根湯本駅から徒歩4分　P 35台

↑筋肉のコリをほぐしてくれる屋根付きのジャクジー露天風呂

温泉DATA
風呂数	露天風呂:8、内湯:2 貸切風呂:2 (別途貸切利用料が必要)
泉質	単純温泉(アルカリ性)

↑アットホームな雰囲気が特徴

↑座敷の広間では、そばやうどんなどの軽食も食べられる

↑男女ともに大きな露天風呂にジャクジーやバイブラ湯がある

自家源泉100%、男女ともに露天風呂が充実

湯遊び処 箱根の湯
ゆあそびどころ はこねのゆ

箱根湯本 **MAP** 付録P.10 C-3

男女別に内湯のほか、泡の出るバイブラ湯、打たせ湯、ジェットバス、寝湯の露天風呂がある。館内には無料の広間と有料の貸切個室があり、飲食物の持ち込みもできる。小型犬専用の露天風呂やペットと休める有料個室もある。

☎0460-85-8080
所 箱根町湯本茶屋100-1
営 10:00～22:00　休 不定休
料 1100円、子供550円
交 箱根登山鉄道・箱根湯本駅から車で10分　P 60台

温泉DATA
風呂数	露天風呂:6、 内湯:2、貸切風呂:0
泉質	塩化物泉

四季の風景と種類豊富な温泉が魅力

湯の里おかだ
ゆのさとおかだ

箱根湯本 **MAP** 付録P.10 C-3

湯坂山の中腹にあり、自然に囲まれた環境のなかで、岩風呂、ジェット風呂、打たせ湯、泡風呂、寝湯、サウナなど男女別6種類の湯が楽しめる。個室で休憩&昼食セットプランなどもある。

☎0460-85-3955
所 箱根町湯本茶屋191
営 6:00～9:00 11:00～23:00
(受付は～22:00)　休 不定休
料 1450円、子供600円(早朝1000円、子供500円)
交 箱根登山鉄道・箱根湯本駅からシャトルバスで5分　P 70台

温泉DATA
風呂数	露天風呂:10、内湯:2、 貸切風呂:1 (別途貸切利用料が必要)
泉質	単純温泉(アルカリ性)

↑落ち着いた雰囲気の無料休憩室

↑開放感のあるジェット風呂(男湯)で、疲れを癒やせる

↑心身ともにリラックスできる寝湯

日帰り湯で癒やしのひととき

歴史

畏敬の対象からグローバルな癒やしの観光地へと変貌
ハイカラ温泉地への道のり

日本屈指の温泉地で知られる箱根は、さまざまな伝説、神話、奇譚に包まれた太古から、戦国時代を経て、明治には文明開化も担った。箱根の悠久の歴史をひもといてみる。

鎌倉時代以前 万巻上人が箱根権現を創建
信仰の聖地・箱根山

かつて恐ろしい山だった箱根は、山岳信仰の聖地となり、奈良時代には万巻が入山する

　日本では山は古代から神聖な存在で、山全体をご神体とする神社も珍しくない。神山(標高1438m)を主峰とする三重式火山の箱根は、かつては魔物が棲むとされ、誰も近づこうとは思わない恐ろしい山だった。

　奈良時代になると箱根山は、駒ヶ岳を中心として山岳信仰の聖域となっていた。天平宝字元年(757)には朝廷の命で聖僧・万巻上人が箱根山に入山し、駒ヶ岳や神山での修行・苦行を経て、お告げによって三所権現を勧請し箱根権現とした。箱根山中にはさまざまな神が祀られていて、山全体が霊山といっても過言ではない。

鎌倉時代 源頼朝が二所詣により崇拝
沐浴で身を清めてから

挙兵を援助してくれた伊豆山権現と箱根権現 二所詣は鎌倉時代末期まで続く

　二所詣とは鎌倉幕府の将軍が正月に伊豆山権現と箱根権現を参詣する恒例の行事をいう。この2つの権現を、源頼朝は治承4年(1180)の挙兵に対し援助を受けたことで篤く崇敬していたためだ。最初の二所詣は文治4年(1188)で、300騎が同行したと記録に残る。

　その行程は初期は鎌倉～走湯山(伊豆山)～三嶋社～箱根山～鎌倉だったが、のちに鎌倉～箱根山～三嶋社～走湯山(伊豆山)～鎌倉に変更された。箱根湯坂路は箱根権現への参詣道だったが、二所詣によりさらに整備が進んだとされる。

　2代将軍・頼家は詣でなかったとされるが、3代将軍・実朝は7回も参詣したという。その際に詠んだ「箱根路をわが越えくれば伊豆の海や沖の小島に波の寄るみゆ」が『金槐和歌集』に載せられている。二所詣は嘉暦2年(1327)まで続き、北条政子も行っている。

九頭龍伝説 毒龍が龍神に姿を変えた

昔、芦ノ湖に毒龍が棲み、人々を苦しめていた。箱根山に入峰修行中の万巻上人が、箱根大神の霊力を授かって毒龍を調伏し、芦ノ湖の守護神・九頭龍大神として神社にお祀りしたことが、九頭龍神社の始まり。

金太郎伝説 金太郎の故郷は金時山

足柄山(金時山)山中で姥に育てられた金太郎(のちの坂田金時)にまつわる伝説。あるとき枯れ枝が目に刺さって目が見えなくなったが、姥子温泉の湯で洗ったところ完治したという。姥子温泉は今も眼病に効く温泉として知られ、湯治客が集まる。

→ 金太郎を題材にした浮世絵は数多い〈月岡芳年『金時山の月』(『月百姿』より) 国立国会図書館蔵〉

街道の変遷

足柄路
律令時代の東海道の本道で、東国と畿内を結んでいたという。『万葉集』にも登場している古道。江戸時代には矢倉沢往還、あるいは大山詣への参詣道だったので大山街道ともいう。

箱根路（湯坂路）
富士山の噴火で足柄路が利用できなくなったため、鎌倉時代に開かれた箱根越えのための鎌倉古道。江戸期には旧東海道の本道となる。現在はハイキングコースとなっている。

旧東海道（箱根八里）
徳川家康は慶長8年(1603)8月に東海道に一里塚を設置、箱根では4カ所に置かれた。いわゆる箱根八里とは、小田原宿～箱根宿の4里と箱根宿～三島宿の4里を合わせたもの。

ハイカラ温泉地への道のり

室町時代
箱根山を越えて小田原城へ
北条早雲の活躍

後北条氏の祖とされる謎の多い戦国大名
箱根山を支配するために息子を箱根権現へ

　北条早雲の生涯は、司馬遼太郎の長編小説『箱根の坂』に詳しく描かれているが、戦国大名の先駆けであり、後北条氏の祖とされる早雲は北条を称したことはなかったとか、享年も88歳とか64歳であるとか、謎の多い武将である。
　明応4年(1495)に小田原城を奪取、同6年(1497)には伊豆平定、永正13年(1516)に相模平定。相模に進出し、関東支配を狙った早雲は箱根山を重視しており、例えば4男・北条幻庵(菊寿丸)を箱根権現の別当に送り込んだりもしている。

早雲寺 ➡P.72
そううんじ
箱根湯本 **MAP** 付録P.17 F-2
父・北条早雲の遺志を守り、大永元年(1521)に、息子の後北条氏第2代当主・北条氏綱が創建。焼失などを経て荒廃するが、慶安元年(1648)に将軍家光の朱印状によって復興。

↑臨済宗大徳寺派の寺で、国の重要文化財「絹本淡彩北条早雲像」がある

太閤石風呂　秀吉が兵士慰労のために掘削
豊臣秀吉が小田原攻めの際に、兵をねぎらうために造ったとされる天然温泉の露天風呂。蛇骨川の岸辺の岩を掘ったもので、縦1m、横3mほどある。現在は枯渇して跡のみが遊歩道から見学できる。**MAP** 付録P.9 D-2
所 箱根町底倉　交 箱根登山鉄道・宮ノ下駅から徒歩15分

箱根元宮
はこねもとつみや
芦ノ湖周辺 **MAP** 付録P.13 D-1
箱根神社の奥宮で、駒ヶ岳山頂に鎮座する。鳥居近くには白馬の伝説がある「馬降石」も。富士山や芦ノ湖の景観も素晴らしい。
所 駒ヶ岳山頂　開 見学自由
交 箱根 駒ヶ岳ロープウェー・駒ヶ岳頂上駅から徒歩5分　P なし

箱根神社 ➡P.56
はこねじんじゃ
芦ノ湖周辺 **MAP** 付録P.14 A-2
奈良時代に万巻上人が創建。箱根大神をお祀りする。

九頭龍神社本宮
くずりゅうじんじゃほんぐう
芦ノ湖周辺 **MAP** 付録P.12 A-1
芦ノ湖の守護神・九頭龍大神をお祀りする社。➡P.57

駒形神社
こまがたじんじゃ
箱根旧街道 **MAP** 付録P.14 A-4
箱根町箱根の鎮守さま。境内には箱根七福神の毘沙門天社も。所 箱根町箱根芦川290
交 芦川入口バス停から徒歩3分

| 江戸時代 街道と関所 | 江戸幕府が東海道を整備

箱根関所の創設

「人見女」まで動員して「出女」には厳重な検査を実施。男装だって容赦はしない

　慶長6年(1601)に徳川家康は宿駅伝馬制度を制定し、東海道に宿場を設け整備した。このとき箱根は宿に指定されていなかったが、西国大名からの要請で箱根宿が新設されたのは元和4年(1618)のこと。翌年(1619)には天下の険といわれる箱根山上に箱根関所が設置された。特に箱根関は、人質として江戸に置いた大名の妻子の帰国を防ぐため、「出女」には厳しかった。

　寛政期になると、箱根道沿道では村の境界を定め、範囲を確定する「村切」が実施され、湯本村や畑宿などの村が誕生し、各村には旅人や伝馬、道路普請の人足らの休息場が設けられた。

| 江戸時代 庶民の旅 | 庶民が旅を楽しむ時代に

湯治場として賑わう

箱根宿の設置や伝馬制度の制定など、東海道の整備が湯治湯・箱根を認知させた

　東海道は参勤交代の制度化で往来する約150藩の大名行列や、一般庶民の「お伊勢参り(おかげまいり)」や神社仏閣への参詣、物見遊山の旅人などで賑わった。これは箱根宿の新設や伝馬制度の整備などによる。伝馬制度は物資の運搬や情報伝達の迅速化などを目的に、宿駅に人馬や宿を提供させるものだ。ちなみに正月恒例の「箱根駅伝」の駅伝はこの"駅"と"伝馬"が由来だという。

　湯治場も興隆し始め、塔之沢には新しい温泉も発見された。江戸前期には箱根七湯として関東を中心とする広い範囲に知られ、箱根は湯治場として確立していく。

↑大名が箱根関所を通る様子。高札(こうさつ)には大名は駕籠の戸を開けて通れと指示がある。御三家や旗本、大名は取り調べは「改めなし」で上り(上方方面へ)も下り(江戸へ)も通過できた〈箱根町立郷土資料館蔵〉

人見女　出女を取り調べる女性取調官

箱根関所で特に厳しかったといわれる「出女」の取り調べは、「人見女」と呼ばれる2人の女性によって行われ、関所定番人の母や妻がその役割を担っていた。写真のない時代、通行手形には人相や髪についても記載されており、出女は結ってある髪をといてまで調べられたという。

温泉宿の攻防　一夜湯治をめぐる論争

古くからの湯治場であった箱根は7日間逗留が基本だった。しかし江戸後期になると富裕層らにより湯治療養を目的としない温泉行楽という風潮が生まれ、1泊客が増えて湯本などが人気となる。これは近隣の小田原側の旅籠にとっては死活問題であり、文化2年(1805)に五街道を管理する道中奉行に一夜湯治の中止を訴えるが、湯本側の主張どおり公認された。

↑山あいの街道には箱根関所に向かって坂を下る大名行列が描かれ、崖の向こうには箱根権現らしい社殿が見える〈歌川広重『東海道五拾三次之内　箱根　湖水図』国立国会図書館蔵〉

| 江戸時代 在日外国人 | 観光地としての発展 |

箱根を訪れた外国人

鎖国時代の江戸の昔から博物学的な研究心と好奇心で箱根を観察した外国人がいた

　元禄3年(1690)に来日したドイツ人医師・博物学者のケンペルは何度か箱根越えをし、芦ノ湖の魚類について記録している。スウェーデンの植物学者ツェンベリーは安永4年(1775)に医師として出島に赴任し、江戸参府の途中、箱根で多くの植物を採取。文政9年(1826)に箱根を訪れたシーボルトは関所の様子や寄木細工を見たという記録を残している。フランス人のボーヴォワール伯爵は宮ノ下での温泉体験を『ジャポン1867年』に詳細に書いているのがおもしろい。

⬆広重が宿泊先・福住旅館（現在の萬翠楼福住 P.125）の主人・福住九蔵の依頼で制作したもの。手前の橋が三枚橋で、描かれている道が七湯道。九蔵は『箱根湯本福住九蔵宅図』も依頼している〈歌川広重『七湯方角略図』国立国会図書館蔵〉

ケンペル・バーニーの碑
ケンペル・バーニーのひ

箱根旧街道 MAP 付録P.14 B-2

元禄時代に活躍して『日本誌』を書いたドイツ人医師・博物学者ケンペルと大正時代に箱根の自然を愛したイギリスの貿易商バーニーの2つの碑からなる。

所 箱根町元箱根
交 元箱根港バス停から徒歩5分

湯本

木賀

底倉

宮ノ下

芦之湯

塔之沢

堂ヶ島

⬆広重は嘉永4年(1851)5～6月に湯本に滞在し、箱根七湯をまわり、その成果を浮世絵として発表した〈歌川広重『箱根七湯図会』国立国会図書館所蔵〉

箱根の温泉史

天平10年	(738)	湯本温泉開湯（箱根で最古）
元弘元年	(1331)	堂ヶ島温泉開湯
応永5年	(1398)	宮ノ下温泉開湯
天正18年	(1590)	豊臣秀吉が底倉温泉で岩風呂を掘らせた
慶長10年	(1605)	塔之沢温泉開湯
正保元年	(1644)	木賀温泉の湯が箱根温泉としては初めて徳川家光に献上された
文化8年	(1811)	『七湯の枝折』発行
文化14年	(1817)	温泉番付で芦之湯が東前頭二枚目に

※箱根七湯と呼ばれる

　　　　　　　　　　　姥子が加わり箱根八湯に
| 明治19年 | (1886) | 『日本鉱泉誌』に姥子と仙石原が加わり箱根九湯に |
| 明治23年 | (1890) | 湯ノ花沢温泉開湯 |

※小涌谷温泉、強羅温泉を加えて、箱根十二湯と数えられるようになる

昭和26年	(1951)	大平台温泉誕生(引湯)
昭和33年	(1960)	宮城野温泉開湯(引湯)
昭和38年	(1963)	二ノ平温泉開湯
昭和41年	(1966)	芦ノ湖温泉開湯(引湯)
昭和62年	(1987)	温泉湧出、1993年に蛸川温泉として開湯

※箱根十七湯に。その後開発された大涌谷、早雲山、湖尻を加えて二十湯と呼ばれることもある

ハイカラ温泉地への道のり

| 明治時代 関所の廃止 | 新しい時代の幕開き |

箱根関所の廃止

泣く子も黙る250年の関所の歴史に終止符
神社仏閣には神仏分離・廃仏毀釈の災厄が

　元和5年(1619)に開設された、「日本四大関所」のひとつとされ、その厳しさで知られた箱根関所は、明治2年(1869)に廃止された。

　新政府により、明治元年(1868)に神仏分離令が出されると、権現などの仏教的神号を持つ神社が問題となり、さらに仏像などが神社から追放された。廃仏毀釈の嵐が吹き荒れるのは時間の問題だった。元箱根の箱根権現も箱根神社となり、別当寺の東福寺は廃寺となってしまう。おびただしい量の仏像・仏具が破壊されたり、売却されたという。〝毀釈〟とは釈迦の教えを棄てること。

| 明治時代 インフラ整備 | 道路の整備 |

宿主たちの奮闘

箱根山の近代化のために、福沢諭吉の助言や
地元有力者の資金と熱意で道が開削された

　箱根にとって道路というインフラの近代化はどうしても必要な事業だった。湯本～小田原間の車道(人力車用)は湯本村の名主・福住正兄が中心となって明治13年(1880)に完成。小田原～塔之沢間の開削が進んだが、塔之沢～宮ノ下間の開削は富士屋ホテルの創業者・山口仙之助によって明治20年(1887)には完成している。開削が完了すると竹の棒に椅子をくくりつけ、4～6人でかついで人を運ぶ〝チェア〟と呼ばれる乗り物が使われるようになった。

　宮ノ下を中心に観光客が増え、明治37年(1904)には宮ノ下～箱根間の道路も完成。やがて現在の国道1号となる。

| 箱根山戦争 | 鉄道をめぐる争い |

　昭和30年代(1955～)に箱根を舞台に、小田急と西武両グループによる交通輸送をめぐる紛争が展開された。西武グループの堤康次郎は駿豆鉄道(現・伊豆箱根鉄道)の経営権を取得する。この鉄道と五島慶太が率いる小田急グループ傘下の箱根登山鉄道が、箱根のバス路線と芦ノ湖の観光船で激突、西武サイドの自動車専用道路をめぐっても訴訟争議となった。

| 富士屋ホテル vs 奈良屋旅館 | 外国人客をめぐって |

　外国人顧客をメインとして創業した富士屋ホテルだが、当時すでに奈良屋(2001年に廃業)という老舗旅館が同じ宮ノ下で営業し、外国人ゲストを一手に受け入れていた。両者はいわばライバル的存在で、長い間にわたって熾烈な戦いを繰り広げたが、明治26年(1893)、ついに富士屋は外国人客専用、奈良屋は邦人専用とする契約書を交わした。この契約は大正元年(1912)まで続いた。

⬆明治20年(1887)、塔之沢～宮ノ下間の道路約7kmが開通

⬆明治20年(1887)に宮ノ下まで開削された道路に、その翌年頃から椅子を棒にくくりつけて4～6人で運ぶ乗り物〝チェア〟が登場

➡大正3年(1914)、富士屋ホテルの山口正造は富士屋自動車株式会社を設立し、大正8年(1919)からは乗合自動車の運行を始めている

写真提供：富士屋ホテル

時代を超えて生き続ける「名建築」に出会う
箱根の有形文化財

壮麗・華麗・豪華・重厚…どんな言葉でも形容しきれない特別なたたずまいのなかで過ごす贅沢を味わってみたい。文化的にも芸術的にも歴史的にも貴重な、箱根町の有形文化財に足を運ぶ。

萬翠楼福住 ➡P.125
ばんすいろうふくずみ
箱根湯本 MAP 付録P.17 D-2
寛永2年(1625)創業、箱根屈指の老舗旅館。現存する、営業中の旅館として初めて国指定重要文化財に指定される。

福住楼 ➡P.124
ふくずみろう
塔之沢 MAP 付録P.10 C-2
塔之沢温泉に建つ、明治23年(1890)創業の老舗旅館。数寄屋造りの意匠を凝らした建物で、竹が持つ美しさが評価される。

元湯 環翠楼 ➡P.124
もとゆ かんすいろう
塔之沢 MAP 付録P.10 C-2
伊藤博文が命名した創業約400年の温泉宿。広重の『箱根七湯図会 塔の澤』にも描かれている。皇女和宮にも縁が深い。

富士屋ホテル ➡P.31／P.84
ふじやホテル
宮ノ下 MAP 付録P.16 A-3
本館、西洋館(1号館、2号館)、花御殿、食事棟、菊華荘は国の登録有形文化財と近代化産業遺産になっている。

ハイカラ温泉地への道のり

芦ノ湖畔や箱根駒ヶ岳に箱根を感じる
絵画に描かれた箱根

浮世絵などを除けば箱根をテーマに、あるいは背景とした名画は意外に少ない。黒田清輝の『湖畔』の水彩的な、清潔感あふれるみずみずしさ。中川一政は箱根駒ヶ岳を格闘するように描いたという。

黒田清輝
『湖畔』1897年
明治30年(1897)に避暑で箱根に滞在したときに描かれたもので、明治33年(1900)にはパリ万国博にも出品された作品。湖はいうまでもなく芦ノ湖。当時23歳の妻がモデルだ。
〈東京国立博物館蔵〉
写真提供:東京文化財研究所

黒田清輝 くろだ せいき (1866〜1924)
鹿児島県鹿児島市生まれ。明治17年(1884)から26年(1893)までフランスに留学。外光派とよばれる印象派の影響を受けた画風を確立。美術教育者としても多大に貢献。『智・感・情』などが知られる。

中川一政 なかがわ かずまさ (1893〜1991)
東京本郷生まれ。岸田劉生の知遇を得て、画家を目指す。昭和24年(1949)に神奈川県真鶴町にアトリエを開設。昭和50年(1975)に文化勲章受章。独学で洋画から水墨画、陶芸、随筆、書などマルチにこなした。

中川一政
『駒ヶ岳』1982年
『駒ヶ岳』連作のひとつ。昭和42年(1967)から十数年間にわたって40点以上もの駒ヶ岳の風景を描いたという。真鶴町にある「真鶴町立中川一政美術館」でそれら迫力ある作品が見られる。
〈真鶴町立中川一政美術館蔵〉

箱根をハイカラリゾートに育てた歴代宿主の功績
富士屋ホテル物語

140余年の歳月を生きて今も箱根に燦然と輝く富士屋ホテル。その波乱と栄光に富んだ歴史は、そのまま箱根の生きた現代史でもある。伝統はさらに未来へと続く。

牛を売却した資金でホテル創業 仙之助は何を夢見たのか

　3代目経営者・山口正造自身が設計した「花御殿」の地下1階にあるホテル・ミュージアムには58冊のレジスターブック(宿帳)が保存されていて、そこにはチャップリンやジョン・レノン、ツイッギーらの名が見える。この興味深いホテルの創業者・山口仙之助は、明治4年(1871)に米国に渡り、牧畜業を営む目的で種牛7頭を購入した。しかし、帰国後、慶應義塾に学び、福沢諭吉の助言もあって、それらの牛を売却して資金とし、ホテル業に転身することを決意する。

　まず、宮ノ下にあった老舗旅館を買収・改築し、明治11年(1878)に外国人客をメインとする富士屋ホテルを開業するが、明治16年(1883)には全焼してしまう。しかし翌年には木造平屋の、のちに「アイリー」と呼ばれる建物を復興する。明治24年(1891)には社寺建築風の本館が竣工。火力発電による電灯がともされた。明治39年(1906)になると西洋館1・2号館が完成。これら2棟は和と洋が見事に融合した2階建てのコテージ風の建物で、客室には清潔感があふれる。

　大正3年(1914)に藍綬褒章を受けた仙之助は翌年に死去。享年64。盛大な葬儀だったという。

↑500年の歴史を持つ温泉旅館「藤屋」を買収、洋風に改築して、明治11年(1878)に富士屋ホテルという名称で開業

↑明治24年(1891)に竣工した本館は、同ホテルで最も歴史のある社寺建築風の建物で、瓦葺き屋根や唐破風の玄関を特徴とする。火力発電による電灯も設置した最先端のホテルでもあった

創業者の山口仙之助(嘉永4年〜大正4年/1851〜1915)は、明治22年(1889)に宮ノ下にあった温泉村の村長になり、長く務めた。また、ホテルの創業ばかりではなく、発電事業や宮ノ下〜塔之沢間の道路を開削するなどして、箱根の近代化にも大きな足跡を残した

金谷ホテルから入婿した山口正造は新しもの好きで、大正6年(1917)には日本で2番目のパブリックゴルフ場・富士屋ホテル仙石ゴルフコースを開場している。正造の髭はホテルの看板でもあり、昭和6年(1931)には「万国髭倶楽部」を設立して独自の国際交流を図った

歩く・観る●歴史

世界一を目指す山口正造は次々と新機軸を打ち出した

現・日光金谷ホテルの創業者・金谷善一朗の次男・金谷正造が、仙之助の長女・孝子と結婚し婿入りして山口正造となったのは明治40年(1907)のことだった。正造は18歳から渡米・渡英し、7年間におよぶ外国生活を体験している。

正造は富士屋ホテルを世界一にしたいと考え、厨房と冷蔵庫を大正9年(1920)に新築。当時厨房は東洋一といわれた。建築道楽と評された正造は昭和11年(1936)、自ら設計した「花御殿」を建造、「フラワー・パレス」として広く知られる。社寺建築風のユニークな外観ばかりではなく、室内も凝りに凝った意匠で美しい。ほかに温泉の室内プールも設けられた。

ヘレン・ケラーも宿泊した「花御殿」の完成は、富士屋ホテルにとってひとつの画期だったといえるだろう。しかし戦火はすぐそこまで迫っていた。

戦中・戦後の厳しい時代を乗り越えて未来に向かう

昭和19年(1944)に正造が死去、享年61。仙之助の次女・貞子と結婚して養子となった(倍井)堅吉が代表取締役に就任し、富士屋ホテルは苦難の時代を迎える。戦局は厳しさを増し、昭和20年(1945)8月には小田原にまで空襲がおよんでいたが、終戦。10月にGHQに接収され、マッカーサー夫人らが休暇を過ごしている。

昭和27年(1952)に接収解除、同29年(1954)には一般営業が再開されるが、客足は遠のいた。そこで山口堅吉が企画したのが今では当たり前となったイベントによる集客で、好評を得たという。2021年、本館竣工130年を迎えている。

富士屋ホテル物語

⬆ 明治39年(1906)、1・2号館が完成(現在はそれぞれ「カムフィ・ロッジ」「レストラン・コテージ」と呼ばれる)。木造2階建ての建物で、明治の空気が漂う

⬆ 大正9年(1920)、鉄筋コンクリート造り、タイル張りの内装、当時最新の電気式設備を採用した〝東洋一〟の厨房が竣工。天井は総ガラス張りで自然光が降り注ぐ

⬆ 昭和11年(1936)、山口正造が設計した花御殿が竣工。客室には部屋番号の代わりに花の名前がつけられ、その花がインテリアのモチーフにもなっている

⬆ 昭和29年(1954)6月に、GHQへの施設貸与が終了、同年7月6日に一般営業開始。それを告知するためのポスターが作られた

⬆ メインダイニングルーム・ザ・フジヤの天井には636種類の高山植物が描かれている

⬆ 食堂棟には山口正造の実家と縁の深い、日光東照宮を思わせる彫刻が施されている

箱根歴史年表

西暦	元号		将軍	事項
738	天平	10		箱根で最古の湯本温泉開湯
757	天平宝字	元		泰澄弟子"浄定坊"が湯本温泉を開いたと伝わる
				万巻上人、箱根権現(現・箱根神社 P.56)を創建
802	延暦	21		富士山噴火
1180	治承	4		源頼朝、石橋山の戦に敗れ、箱根山中に逃れる
1188	文治	4		源頼朝、二所詣スタート
1192	建久	3	源頼朝	源頼朝、征夷大将軍になる
1228	安貞	2	藤原頼経	箱根権現、炎上
1277	建治	3	惟康親王	金沢貞将、湯本で湯治
1280	弘安	3	惟康親王	歌人・飛鳥井雅有、紀行文に芦ノ湯温泉の記述を残す
1335	建武	2		足利尊氏、北条時行軍を破る
1495	明応	4	足利義澄	北条早雲、箱根山から小田原城 P.134を攻め落とす
1523	大永	3	足利義晴	北条氏綱、箱根権現を再造営
1556	弘治	2	足利義輝	畑宿で合器(挽物)商売の自由が認められる
1581	天正	9	足利義昭	北条氏政、三島〜湯本間の道路改修を指示
1590		18		秀吉が箱根山を越え、家康鷹の巣城を落とす
1603	慶長	8	徳川家康	徳川家康、征夷大将軍になる
1605		10		阿弥陀寺の弾誓上人、塔之沢温泉を発見する
1618	元和	4	徳川秀忠	箱根宿を開設
1619		5		箱根関所 P.60の開設
1625	寛永	2	徳川家光	福住旅館(現・萬翠楼福住 P.125)創業
1626		3		仙石原関所の開設
1644	正保	元		木賀温泉から徳川家に献上湯
1666	寛文	6	徳川家綱	箱根用水工事に着手
1672		12		小田原城主の稲葉正則、宮ノ下で湯治
1680	延宝	8		箱根道を石畳(旧街道石畳 P.62)に
1691	元禄	4	徳川綱吉	ドイツ人医師・博物学者ケンペルが箱根関所を通過
1707	宝永	4		東海大地震、富士山噴火
1729	享保	14	徳川吉宗	幕府献上の象が箱根関所を通過
1781	天明	元	徳川家治	鳥居清長『箱根七湯名所』を刊行
1782		2		天明の大飢饉
1805	文化	2	徳川家斉	一夜湯治をめぐる論争
1811		8		箱根七湯絵巻『七湯の枝折』
1812		9		箱根宿大火災、136軒が焼失する

西暦	元号		将軍	事項
1843	天保	14	徳川家慶	箱根七湯の湯宿経営に関する営業協定を結ぶ
1852	嘉永	5		歌川広重『箱根七湯図会』
1853		6		ペリー、浦賀に来航
1854	安政	元	徳川家定	広重、福住正兄の注文で『七湯方角略図』を描く
1861	文久	元	徳川家茂	将軍家茂、箱根道石畳を全面改修
1867	慶応	3	徳川慶喜	ボーヴォワール、宮ノ下で入湯
1868	明治	元		明治維新
1869		2		箱根関所が廃止
1870		3		芦ノ湖で渡船業が始まる
1873		6		福沢諭吉、塔之沢福住にて、箱根山車車道開削を提言
1878		11		山口仙之助、外人専門の富士屋ホテル P.31を開業する
1883		16		宮ノ下の大火で、富士屋ホテルと奈良屋旅館が焼失
1886		19		榎本猪三郎、森田吉兵衛らにより、小涌谷誕生 湯本〜塔之沢間の道路開通
1887		20		塔之沢〜宮ノ下間の道路開通
1891		24		富士屋ホテルに自家用発電機。箱根に初めて電気が通る
1892		25		水力発電開始、電灯がともる
1904		37		宮ノ下〜芦之湯〜箱根町間の道路開通
1912	大正	元		宮ノ下〜仙石原〜長尾峠〜御殿場間の道路開通 湯本〜強羅間に箱根登山電車 P.66開通
1920		9		第1回東京箱根間大学駅伝競走開催
1923		12		関東大震災
1931	昭和	6		塔之沢函嶺洞門竣工
1935		10		強羅〜早雲山間箱根登山ケーブルカー P.67開通
1936		11		箱根町〜大観山〜湯河原間の道路開通
1945		20		終戦。GHQが富士屋ホテルを接収
1950		25		箱根観光船開業
1952		27		富士屋ホテル、強羅ホテルの接収解除
1957		32		小田急特急ロマンスカー運行開始 駒ヶ岳ケーブルカー開通
1965		40		箱根ターンパイク(現・アネスト岩田ターンパイク箱根)開通
1969		44		東名高速開通

歩く●観る●歴史

ART & CULTURE
Hakone

アート・文化

世界の貴重なアート作品が集結

緑のなかに著名な作家の彫刻が無造作に点在する彫刻の森美術館、膨大かつ貴重なコレクションを公開している岡田美術館やポーラ美術館など、箱根には価値ある美術館が数多くある。

美術館・博物館 MUSEUM

箱根の山で自然とアートが響き合う
貴重なコレクションと出会える
箱根のアートスポット

専門性が高く、膨大な作品を収蔵する美術館は、じっくりと時間をかけてまわる価値がある。開放的な環境で、のびのびとアートに親しむ一日を過ごしてみてはいかが。

彫刻の森美術館
ちょうこくのもりびじゅつかん
小涌谷 MAP 付録P.8 C-2

箱根の美しい自然に囲まれた オープンエア・ミュージアム

広々とした青空と緑の山々を背景に、のんびりと散策しながら一流のアートにふれることのできる野外美術館。昭和44年(1969)の開館時から繰り返し通うファンも多い。広大な敷地にオーギュスト・ロダンやヘンリー・ムーアなど、巨匠の貴重な彫刻作品約120点が点在。さらに館内のカフェ、レストラン、ミュージアムショップには、いずれも美術館のお眼鏡にかなった素敵なアイテムやおいしいメニューが用意されている。入館者が無料で使える足湯などとともに、時間をかけて過ごしたい快適な施設だ。

☎0460-82-1161 ⦿箱根町ニノ平112 ⦿9:00〜17:00 ⦿無休 ⦿1600円、高校・大学生1200円、小・中学生800円 ⦿箱根登山鉄道・彫刻の森駅から徒歩2分 Ｐあり(有料)

⦿彫刻作品はもちろん、植栽などすみずみまで手入れの行き届いた気持ちのよい空間が広がる

⦿ニキ・ド・サン・ファールの『ミス・ブラック・パワー』。屋外の展示作品は約120点

美術館のココにも注目！

源泉かけ流しの足湯
自然とアートを前に足湯でのんびり。タオルは持参が基本だがすぐ脇で購入も可。100円と格安でおしゃれ。

美術館のセレクト店
美術館が選んだアーティスティックな雑貨やおしゃれなおみやげが見つかる。館長、森英恵氏のグッズも素敵。

中はまるで万華鏡
ステンドグラスのタワー
幸せをよぶ
シンフォニー彫刻

フランス人アーティスト、ガブリエル・ロアールの作品。カラフルなステンドグラスの塔の中心をらせん階段で上る。まるで万華鏡の中に迷い込んだような幻想的な空間が楽しめる。

→アートの中に入れる稀有な作品。最上部は展望台になっている

鑑賞のポイント
- 大空の下、箱根の自然と澄んだ空気を満喫したい
- ムーアにピカソ、世界の巨匠の作品を見逃すべからず
- 100%天然かけ流しの温泉足湯で散歩の疲れを癒やす

グルメスポット
彫刻の森ダイニング
ちょうこくのもりダイニング
晴れた日には相模湾まで一望

窓が大きく、美術館の敷地はもちろん、山々や海が見渡せるレストラン。地元の食材を中心に使った質の高い洋食メニューが味わえる。カレーも人気。
☎0460-82-1141 営10:00～17:00(LO16:30)
料1200円～

↑ほとんどの席が窓際にしつらえられている

↑完熟トマトとモッツァレラチーズの生パスタ1200円　↑箱根ベーカリーのパンを使った彫刻の森サンドウィッチ1200円

↑幅広い年齢層に愛される美術館。親子3世代で一緒に楽しむファミリーの姿も多い

自然を背景に味わう
ムーア作品10点
ムーア作品群

屋外に彫刻を配することを好んだヘンリー・ムーアの作品にとって最高の環境。四季の自然も作品の一部だ。

→ヘンリー・ムーアの『母と子：台座』

絵画から陶芸品まで
多彩な作品を展示
ピカソ館

敷地の一角にピカソ館があり、20世紀を代表する巨匠が創作した数々の作品が展示されている。

↑ピカソ館横に立つフェルナン・レジェの『歩く花』も美術館のシンボル

The Hakone Open-Air Museum Café
ザ ハコネ オープンエア ミュージアム カフェ
居心地抜群。緑感じる屋内カフェ

セルフサービスのカフェながら、イリーのコーヒー、湯島の日本茶専門店・大佐和老舗の茶葉を使った日本茶など、厳選されたメニューを用意。
☎0460-82-1141 営9:00～17:00(LO16:30)
料コーヒー450円～

↑店内で菓子などのオリジナル品も販売

↑足柄きんたろう牛乳を使った自家製ソフトクリーム400円　↑焼き菓子が評判の吉祥寺ステファノアンナのファゴッティーノ600円

箱根のアートスポット

ポーラ美術館

ポーラびじゅつかん
仙石原 MAP 付録P.5 E-4

アートの森で響き合う
自然と芸術のハーモニーを堪能

2002年に仙石原に開館。コレクションはポーラ創業家2代目・鈴木常司が収集した約1万点もの美術作品からなる。西洋絵画や日本の絵画をはじめ、現代アート、東洋陶磁、ガラス工芸、化粧道具まで収蔵品は多岐にわたる。また森の景観と調和を図った外観や、その貴重な景観に配慮して施設の大半を地下に埋設したユニークな建物も注目されており、さながらヒメシャラの森に囲まれたリゾートのような雰囲気を醸し出している。

☎0460-84-2111 所箱根町仙石原小塚山1285
営9:00〜17:00（入館は〜16:30）休無休（展示替えのための臨時休館あり）料1800円、65歳以上1600円、高校・大学生1300円、中学生以下無料 交箱根登山鉄道・強羅駅から観光施設めぐりバスで13分、ポーラ美術館下車すぐ P163台

注目ポイント
遊歩道を歩き箱根の自然を満喫
ブナやヒメシャラが群生する富士箱根伊豆国立公園にある美術館。「森の遊歩道」では野鳥のさえずりや時折姿を見せる小動物を愛でながら散策を楽しむことができる。ブナ、ヒメシャラ観賞ポイントのほか、点々と置かれた彫刻も見逃せない。

◆全長約1km、散策所要時間40分。季節によってさまざまな鳥が訪れる

グルメスポット
レストラン アレイ

アートの世界をランチでも堪能
自然との一体感を感じる明るい店内で欧風料理が楽しめる。企画展に合わせて作品の舞台や世界観を料理で表現する、オリジナルメニューが人気。
営11:00〜16:00(LO) 料ランチセット2480円

◆天気の良い日はテラス席でひと休み

◆美術館へと誘う吹き抜けのアプローチ橋

鑑賞のポイント
まずは企画展を堪能してから、常設展の印象派絵画を鑑賞
現代アートの展示にも力を入れており注目

ピエール・オーギュスト・ルノワール
『レースの帽子の少女』 1891年
明るい色彩といきいきした筆遣いで少女を描いた、ルノワールの代表作

クロード・モネ
『睡蓮の池』 1899年
フランス・ジヴェルニー村の自宅に自身で作りあげた幻想的な庭を、時間や季節を変えて描いた連作のうちの1点

ポール・セザンヌ
『砂糖壺、梨とテーブルクロス』
1893-94年
多視点からの空間表現やカンヴァスの平面性を強調するなど、絵画における革新的な表現を静物画に取り入れた

箱根ラリック美術館
はこねラリックびじゅつかん
仙石原 MAP 付録P.4 C-2

美しい緑のガーデンに囲まれた優美なラリック作品の展示空間

アール・ヌーヴォーとアール・デコの時代を駆け抜けたフランスを代表する宝飾とガラスの工芸作家、ルネ・ラリック。彼の生涯を綴る同館には1500点以上の作品が収蔵され、選び抜かれた約230点が常設展示されている。自然あふれる小道を抜け、エントランスのパネル『花束』のやわらかな光に誘われ館内へ一歩足を踏み入れると、息をのむほど美しいジュエリーやまばゆいばかりのガラス工芸の数々に心を奪われる。時代を超えて輝きを放つラリックの傑作や室内装飾を堪能したい。

☎0460-84-2255 ㊟箱根町仙石原186-1 ⏰9:00〜17:00(入館は〜16:30) 休無休(展示替えのための臨時休館あり) ¥1500円、65歳以上・高校・大学生1300円、小・中学生800円 交仙石案内所前バス停からすぐ Pあり

注目ポイント
オリエント急行を飾ったラリック

オリエント急行のサロンカーにはラリックが制作したガラスパネルが150枚以上張りめぐらされ、室内ランプや車窓からの光を受けた優美な空間が広がる。1929年に制作されたこのサロンカーできらめきのティータイムを過ごすことができる。

→贅を極めたインテリア(現地にて要予約)

グルメスポット
カフェ・レストランLYS
カフェレストランリス

自然を眺め優雅なランチタイム

大きなガラス窓にオープンテラスのあるレストランはどの席からも仙石原の自然が一望でき、素材を生かしたランチやスイーツが楽しめる。

⏰朝食9:00〜10:00(LO) ランチ11:00〜17:00(LOフード16:00 ドリンク16:30) ¥ランチセット2035円

→見学の合間にゆっくりとランチが楽しめる

鑑賞のポイント
ラリックの生涯にわたる宝飾とガラス工芸の傑作を厳選

装飾パネルや噴水などの室内装飾もラリックならでは

↑美しい緑があふれる敷地に建つ美術館

↑19世紀後半に活躍したフランスの伝説的女優サラ・ベルナールに捧げられた一室

↑花器『つむじ風』。大量生産にも適した素材ドゥミクリスタルはラリックが開発した

←ブローチ『シルフィード(風の精)』あるいは『羽のあるシレーヌ』。宝石の価値ではなく斬新なデザインと技術で勝負したジュエリーの代表作

箱根のアートスポット

ラリックが残した美的なオブジェ
花器コーナー

香水瓶の制作をきっかけにジュエリー作家からガラス工芸家へ転身し、次々とガラス作品を発表。時代を反映した作品が見られる

ラリックの名を世に知らしめたジュエリー作品の数々
ジュエリーコーナー

ジュエリー作家としてブレイクしたラリック。その作品はモダンジュエリーの先駆けとなった。頂点を極めた19世紀末の傑作を展示

岡田美術館
おかだびじゅつかん
小涌谷 MAP 付録P.8 B-3

森の緑や青い空、風にそよぐ梢 空間が織りなす美の世界を堪能

明治時代の欧米人向けホテル「開化亭」の跡地に開館した美術館。「美の殿堂」と呼ぶにふさわしい洗練された展示空間には、俵屋宗達や尾形光琳をはじめとした琳派、喜多川歌麿や葛飾北斎の浮世絵、日本・中国の陶磁器、仏教美術など、日本と東洋の美術品約450点がゆったりと並ぶ。年2回の企画展では、主要な作品にタッチパネル式の解説が設置され、小学校低学年向けの「こども語」解説も人気だ。美術館の周囲には広大な庭園(入園料300円)が広がり、四季折々の自然を感じる散策も楽しめる。

☎0460-87-3931 ⬛箱根町小涌谷493-1 ⬛9:00~17:00 ⬛無休(臨時休館あり) ⬛2800円、小・中学・高校生1800円 ⬛小涌園バス停からすぐ P80台

鑑賞のポイント
➤ 企画展はもちろん、常設展示を鑑賞する時間も確保しよう
➤ 美術鑑賞のあとは庭園散策。足湯カフェも体験したい
➤ 美術館正面には風神・雷神の大壁画『風・刻』があり、足湯に入りながら、のんびり鑑賞できる

アート・文化 ●美術館・博物館

注目ポイント
100%源泉かけ流しの足湯でひと休み
大壁画『風・刻』の正面には、単純アルカリ性泉質の源泉かけ流しの足湯を設置。自然を眺めながら足湯に浸かり、コーヒーやビールなどの飲み物も楽しめる。
➤ 利用料は500円。美術館入館者は無料

同館オリジナルのチョコレート「Okada Museum Chocolate『波と富士』」4800円。葛飾北斎の代表作「富嶽三十六景」のなかから、同館収蔵の『神奈川沖浪裏』と『凱風快晴』を色鮮やかなボンボンショコラに。和栗×タイム、ベルガモット×アールグレイなど新感覚のフレーバーにも注目だ。

葛飾北斎
『堀河夜討図』
19世紀前半
源義経、静御前、弁慶を描いた北斎の名品。着物や装身具の細密描写が見どころ

尾形乾山
『色絵竜田川文透彫反鉢』
18世紀初期
日本の秋の鮮やかさを凝縮したやきもの。端正な形状と文様、透かしの技が見事に調和する。重要文化財

グルメスポット
開化亭
かいかてい
庭園を眺めながらランチを
昭和初期の日本家屋を改築した飲食施設が庭園入口近くにあり、昼はランチ、午後はティータイムでくつろげる。コーヒーには特製チョコレートが付く。
⬛11:00~17:00(LO16:30)
➤ランチには名物の豆アジ天うどんなどを

※展示替えを定期的に行うため、掲載の作品は見られない場合があります

箱根マイセンアンティーク美術館
はこねマイセンアンティークびじゅつかん
強羅 MAP 付録P.8 B-1

昭和初期の美しい洋館に集う アンティーク磁器の名品たち

世界最高峰の西洋磁器であるマイセンのアンティーク約300点を展示する美術館。1000坪の広大な敷地に建つ建物は昭和初期の日銀総裁の邸宅を利用している。各展示室には歴代マイスターの名前がつき、時代順の展示で美術様式の変遷も俯瞰できる。

☎0460-83-8855 所箱根町強羅1320-653
9:00〜17:00 休無休 料1600円、学生1100円、4歳〜中学生800円 交箱根登山鉄道・強羅駅から徒歩12分 P20台

↑住まいとして使われていた建物を利用

→シノワズリーの装飾が日本の邸宅と見事に調和

『マイセン・スノーボール』
1815年
手作業で施された花や葉の磁器装飾がスノーボール(貼花装飾)と呼ばれる

『時計を持つ子供たち』
1930年
パウル・ショイリッヒがデザインした置時計。愛らしい子どもたちが時計を運ぶ

グルメスポット
カフェ「アーチェロ」
優雅なティータイムを満喫

庭園に面し、緑の多いテラス席も。英国直輸入紅茶やコーヒーをマイセンの器で楽しめる。
⏰9:00〜17:30

←円形のデッキが設置された庭園

箱根ガラスの森美術館
はこねガラスのもりびじゅつかん
仙石原 MAP 付録P.5 D-3

中世ヨーロッパの風景を再現した 夢の世界でガラス作品を間近に

大涌谷を見渡す仙石原の緑の森に、イタリアを彷彿とさせる景観が広がる。中心となるヴェネチアン・グラス美術館には、15〜19世紀のゴブレットや花器など、隣接する現代ガラス美術館では、20世紀以降のモダンなガラス工芸が鑑賞できる。

☎0460-86-3111 所箱根町仙石原940-48
10:00〜17:30(入館は〜17:00) 休成人の日の翌日から11日間 料1800円、高校・大学生1300円、小・中学生600円 交箱根ガラスの森バス停からすぐ Pあり

↑庭園を眺めながらくつろぎのティータイム

『点彩花文蓋付ゴブレット』
1500年頃に制作された傑作。東方文化の影響を受けて栄えたヴェネチアらしい折衷様式

ヨーロッパの貴族を魅了した、繊細で優美な輝きを再現
ヴェネチアン・グラス美術館
メイン展示室はヴェネチアのドゥカーレ宮殿を模した美しい空間。名品が並び、豪華なヴェネチアン・グラスのシャンデリアが輝く。

↑庭園にはクリスタル・ガラスのオブジェが点在

グルメスポット
ラ・カンツォーネ
緑に囲まれた心地よい空間

パスタやドルチェが充実のカフェレストラン。
⏰10:00〜17:30(LO16:30)

→限定30食の人気のドルチェ。シフォンケーキ1100円

箱根のアートスポット

93

さまざまな分野のコレクションが興味をそそる
もっと訪れたい 美術館・博物館

江戸時代に関所が置かれ、明治から昭和にかけて著名人の別荘地となった箱根には、文学作品、絵画、写真、玩具、武具など多彩なテーマの美術館・博物館が点在。好奇心を刺激するアートめぐりへ。

星の王子さまミュージアム 箱根サン=テグジュペリ
ほしのおうじさまミュージアム はこねサンテグジュペリ
仙石原 MAP 付録P.5 D-3

『星の王子さま』をテーマにした世界で唯一のミュージアム

不朽の名作『星の王子さま』の作者サン=テグジュペリの生誕100年を記念して、1999年に開園。作者の生涯や『星の王子さま』の物語を紹介する展示が豊富だ。箱根の自然景観を生かしたヨーロピアン・ガーデンの散策も楽しい。

☎0460-86-3700　⌂箱根町仙石原909
⏰9:00~18:00(入園は~17:00)　休第2水曜(3・8月は無休)　￥1600円、65歳以上1100円、高校・大学生・専門学校生など(要学生証)1100円、小・中学生700円　🚌川向・星の王子さまミュージアムバス停からすぐ　Ｐあり

↑展示ホールでは、サン=テグジュペリの生涯を9つのエポック(時代)に分けて紹介。暮らした部屋の再現もある

↑作者が生きた20世紀初頭フランスの街並みを再現

↑物語にちなみ赤系で統一されたローズガーデン

↑園内には、レストランル・プチ・プランスがある。写真は「ウワバミのオムライス」。セットで1850円　11:00~18:00(LO17:30)
※デザートメニューは11:00~17:00(LO)、フードメニューは11:30~17:00(LO)

箱根美術館
はこねびじゅつかん
強羅 MAP 付録P.16 A-2

日本の「焼物」の展示が充実 箱根で最も歴史ある美術館

昭和27年(1952)、岡田茂吉氏が自らのコレクションを公開するために設立した美術館。縄文時代から江戸期までの日本の陶磁器を多く展示する。敷地内には、苔庭、萩の道などの日本庭園が広がり、抹茶をいただける茶室もある。

↑茶室「真和亭」での抹茶と季節の和菓子は720円

↑縄文時代や古墳時代の焼物も多数展示
↑苔庭を眺めながら休憩できる茶室「真和亭」

☎0460-82-2623　⌂箱根町強羅1300
⏰9:30~16:30(12~3月は~16:00)　休木曜(祝日の場合は開館、11月は無休)　￥900円、65歳以上700円、高校・大学生400円　🚌箱根美術館前バス停からすぐ　Ｐあり

アート・文化 ● 美術館・博物館

↑展望ラウンジの窓から望む芦ノ湖の景観も一枚の絵のような趣さ

箱根・芦ノ湖 成川美術館
はこね・あしのこ なるかわびじゅつかん
箱根旧街道 MAP 付録P.14 B-3

現代日本画を多数所有
展望ラウンジは絶景

昭和63年(1988)に芦ノ湖畔に開館。現代日本画のコレクション約4000点を所蔵し、特に山本丘人、平山郁夫の作品が多い。展示室は1・2階に4室あり、展望ラウンジ、カフェ、庭園などもある。

☎0460-83-6828 所箱根町元箱根570 開9:00〜17:00 休無休 料1300円、高校・大学生900円、小・中学生600円 交元箱根港バス停からすぐ P70台

↑年3回展示替えを行う企画展で、所蔵作品をテーマに沿って紹介

↑シャム猫とボタンを墨色調に描いた加山又造『猫』

箱根ドールハウス美術館
はこねドールハウスびじゅつかん
芦ノ湖周辺 MAP 付録P.2 C-3

昔の欧米の暮らしを再現した
愛らしく精巧な小さな家

ドールハウス(「小さな家」の意)は16世紀にドイツで誕生。建物の内装も見事な「ハスケルハウス」などの傑作が大集合。実物の12分の1サイズに縮小したミニチュア調度品は、実物そっくりで、見る者を圧倒する。

☎0460-85-1321 所箱根町芦之湯84-55 開10:00〜17:30(11〜3月は〜17:00)入館は閉館の30分前まで、火〜木曜は予約制 休無休、展示替えのための臨時休館あり 料1200円、中学・高校・大学生1000円、小学生700円 交芦之湯バス停からすぐ Pあり

↑世界二大コレクションを収蔵

箱根写真美術館
はこねしゃしんびじゅつかん
強羅 MAP 付録P.16 B-1

幻想的な富士山の自然美を
撮り続ける遠藤桂氏の作品たち

箱根出身で今も当地で暮らす写真家・遠藤桂氏が撮影した「富士山」シリーズを常設展示。四季折々に表情を変える日本一の名山の造形美を捉えた作品が圧巻だ。常設展は年3回ほど作品を入れ替え、企画展も随時開催。

☎0460-82-2717 所箱根町強羅1300-432 開10:00〜17:00(季節により異なる)休火曜(祝日の場合は開館)、展示替え期間 料500円、子供300円 交箱根登山鉄道・強羅駅から徒歩5分 Pなし

↑常設展示室には「富士山」の連作が並ぶ

玉村豊男ライフアート
ミュージアム
たまむらとよおライフアートミュージアム
芦ノ湖周辺 MAP 付録P.14 B-2

芦ノ湖畔の洗練された空間に
すがすがしい水彩画が並ぶ

エッセイスト、画家として活躍する玉村豊男氏の作品を展示・販売する。ブドウや草花、パリ風景など心和む作品を常設。イタリアンレストランもあり、地元の食材にこだわった料理は評判を呼んでいる。

☎0460-83-1071 所箱根町元箱根61 開10:30(土・日曜、祝日9:00)〜17:00 休無休(2月に休館日あり)料無料 交箱根神社入口バス停からすぐ P18台

↑ゆったりとしたギャラリー

↑視界180度の眺望が美しい

↑玉村豊男『ぶどうの時間』

もっと訪れたい美術館・博物館

美術館セレクトの雑貨を日常の暮らしにお持ち帰り
センスが光るアートグッズ

展示作品をモチーフにしたハイセンスな雑貨たち。どれも魅力にあふれている。

A マグカップ
アーティスト、ひびのこずえ氏のデザイン。彫刻の森美術館の風景が描かれている。各1296円

C オリジナルポストイット
ラリック美術館監修の図録を模した付箋。ラリックのガラス作品が2種類描かれている。525円

B めがねケース
『睡蓮』と『アネモネ』のおしゃれなめがねケース。同柄のめがね拭きが付いている。各1980円

C ミュゲ・クリスタルペンダント
ラリックの大好きな花のひとつ、スズランがモチーフ。ラリック社製。2万6400円

A マスキングテープ
剥がすのが簡単なため、多様な用途に気軽に使えると近頃人気急上昇。美術館のオリジナル柄。各335円

C オリジナルミニクリアファイル
香水瓶をデザインしたA6サイズの仕切り付きファイル。全3種各330円

C オリジナル便箋&封筒
ラリックが送り状や領収書に使用していたデザインを便箋740円と封筒450円に蘇らせた

B 『レースの帽子の少女』フレーバーティー
ルノワールの『レースの帽子の少女』をイメージしてブレンドされた紅茶。色鮮やかな花びらとフルーツの爽やかな香りが特徴。10個入り650円

C 鳩居堂 ひとこと箋
ラリックのガラス作品をキラキラ輝く箔押しで表現したミニ便箋。各660円

アート・文化 ● 美術館・博物館

A 手ぬぐい
注染の技法を用いた 手ぬぐい専門店、「かまわぬ」とコラボ。美術館のシンボルのひとつ『歩く花』柄(左)1296円、箱根柄(右)1080円

A エコバッグ
小さく折りたたんで付属のポーチに収納可能。軽くて小さく、しかも丈夫。1404円

B オリジナル布製マスク
5点の名画がマスクに！大・中・小と3サイズ用意。1000円

B モネ『睡蓮』クッキー
美しい缶に横浜・元町のレストラン「霧笛楼」製クッキー4種入り。1900円

B 『睡蓮』の雨傘
発売以来、大人気のロングセラー。傘全体に『睡蓮』の絵柄がプリントされており、雨の日も明るい気分で過ごせそう。5100円

C オリジナル手ぬぐい 「三羽のツバメ」
ラリックの香水瓶をモチーフに伝統的な染色技法で染め上げた全4色。各950円

A 彫刻の森美術館 ショッピングモール
ちょうこくのもりびじゅつかん ショッピングモール

アートな視点で厳選された おしゃれな雑貨の宝庫

センス抜群の雑貨が充実。時どきの展示テーマに合わせたアイテムやオリジナル商品も数多い。

彫刻の森美術館 ➡ P.88
小涌谷 MAP 付録 P.8 C-2
☎ 0460-82-1141 ⏰ 9:00〜17:00 休 無休

B ポーラ美術館 ミュージアムショップ
ポーラびじゅつかん ミュージアムショップ

アート雑貨のほか 輸入菓子や香りグッズも

ミュージアムグッズのほかに、フランス雑貨や食品などのおみやげも扱っている。

ポーラ美術館 ➡ P.90
仙石原 MAP 付録 P.5 E-4
☎ 0460-84-2111 ⏰ 9:00〜17:00 休 無休

C 箱根ラリック美術館 ミュージアムショップ
はこねラリックびじゅつかん ミュージアムショップ

ここでしか手に入らない ラリックのオリジナルグッズも

100種類以上のポストカード、図録、企画展グッズまで、ラリックにまつわる商品が並ぶ。

箱根ラリック美術館 ➡ P.91
仙石原 MAP 付録 P.4 C-2
☎ 0460-84-2255 ⏰ 9:00〜17:00 休 無休

センスが光るアートグッズ

伝統工芸
TRADITIONAL CRAFTS

箱根が誇る伝統工芸
木肌がやさしい寄木細工の世界

色とりどりの木が組み合わさって、繊細な幾何学模様が生まれる。
箱根に伝わる伝統的な技は、現在にも受け継がれ進化している。

天然の木の色を生かして美しい絵柄を生み出す寄木細工

　種類豊富な樹木が育つ箱根に伝わる伝統工芸技術。桑の黄、朴の木の緑、イチイの茶など、それぞれの木が持つ自然の色を利用し、組み合わせることで美しい模様を描き出す。幾何模様に組んだ木材を日用品に加工することが多いが、風景などを絵画のように表現する木象嵌も見事。

シルクロードで伝わった寄木細工の技術

　日本では正倉院にも木象嵌の宝物があり、アジア各国から中東、イタリア、スペインなどでも寄木や象嵌の工芸品が見られることからシルクロードを通じて世界各地に広まったと想像される。箱根では江戸時代後期に興った。高度な技術と手間のかかる仕事のため継承が絶えつつあったが、昭和45年（1970）、技術の消失を惜しんだ畑宿の職人たちにより復活。今なお徐々に進化を続けている。

箱根細工とロシアのマトリョーシカ

マトリョーシカといえばロシアを代表する民芸品だが、ルーツは箱根細工にあるとされている。19世紀末、ロシア正教の修道士が箱根で入れ子人形を購入。故郷に持ち帰った七福神を元に作られたという。

知っておきたい寄木細工のきほん

素材
着色加工一切なし　天然の木の色そのまま
色の種類や濃淡を組み合わせるため工房には国の内外から驚くほど多種類の木が集められている。
▶樹種によって異なる色の組み合わせでさまざまな表現ができる

柄
基本は幾何学模様　日本の伝統柄がずらり
亀甲、陰枡、菱万字など、着物の柄などでもおなじみの伝統的な和柄を繊細に表現する。

六角麻の葉
葉のアウトラインが細く、高度な技術が必要な柄

市松
2色の木を交互に並べた、最もベーシックな模様のひとつ

技法
細い棒状の木材を幾何学模様に組む
細いスティックや薄い板状にカットした木材を組み合わせ圧着。幾何学模様のブロックを組む。この表面をカンナで削ったシート状の寄木を箱や皿などの表面に貼る「ヅク貼り」と、ろくろを用い、ブロックを器や杯の形に削り出す「ムク」と呼ばれる手法がある。

1 さまざまな色の木を棒や板に加工する

2 棒や板を組み、接着して幾何学模様を作る
3 美しい柄のブロックが誕生。これをさらに組むと、より複雑で大きな模様となる

4 カンナで削る。木によって硬さが異なるため熟練の技が必要

5 模様のシートが完成。箱の表面などに貼って製品となる

寄木細工 手作り体験

木の手ざわりが創作意欲を刺激する

プロの指導を受けて自分だけの作品が制作できる。指先と感性をフルに使い、いつの間にか熱中。しばし職人気分を味わう。

畑宿寄木会館で 体験：コースター

料金 900円　所要時間 40分～1時間
予約 5人までは予約不要

パズルの要領で、実際に木片をレイアウトしながらデザインを考える。

設計図は用意されているが、自由な発想でオリジナル作品を作るのも可。

配置が決まったらボンドで接着。乾くまで透明なシートに貼って形をキープ。

箱根関所からくり美術館で 体験：秘密箱

料金 箱(小)2680円、箱(大)3540円
所要時間 約40分　予約 要

パーツを組み立て秘密箱を作る。一見、開け口のない箱の組み立ては少々難しい。

箱の表、6面すべてにシート状になった寄木を貼り付けていく。

紙やすりで寄木の表面をなめらかにする。最後にろうを塗り、布で磨いてツヤを出す。

寄木細工の世界

手作り体験できる場所

畑宿寄木会館
はたじゅくよせぎかいかん
畑宿 MAP 付録P.17 E-3

町立の会館で、寄木作りの材料や道具紹介、実演、または実演中のビデオを流している。畑宿にある工房の作品を販売。

☎0460-85-8170　畑宿町畑宿103　10:00～16:00（変動あり）　水曜　無料　畑宿バス停から徒歩3分　P 13台　体験コース コースター一体験900円（40分～1時間）

デザインもさまざまな作品が並ぶ

寄木の代表的な模様が美しいトレー（商品の一例）
ムク作りのボウル（商品の一例）

箱根関所からくり美術館
はこねせきしょからくりびじゅつかん
箱根旧街道 MAP 付録P.14 B-4

寄木作品のほか秘密箱とからくり箱が充実する。歴史や実物に触れられる美術館を併設。

☎0460-83-7826　箱根町箱根16　9:00～17:00　無休　300円　箱根関所跡バス停からすぐ　P 4台
体験コース 秘密箱体験工作（2人～）、事前予約で2480円　2680円（40分、事前予約で2480円）

今でも毎年、新たなからくり箱が誕生

焼印を下にして手で叩くと2つに割れるタマゴ1万1900円
1から6の目まで、順番に転がしてオープン。サイコロ1万4850円

伝統工芸基本講座

秘密箱とからくり箱

秘密箱やからくり箱には一見、蓋や開け口がなく、順番どおりに面を少しずつスライドするなど規定の手順を踏んで開けていく。順番を知らないと開けられないため、人に見られたくないモノや宝物を隠すのに最適。精緻な木工技術が伝わる箱根だからこそ生まれた作品だ。

貴重な寄木作品をずらり展示
店舗ではオリジナル柄が人気

本間寄木美術館
ほんまよせきびじゅつかん

箱根湯本 **MAP** 付録P.11 F-2

2階の美術館では、寄木が発祥した約200年前の作品から現代の新作まで大小多数の作品を展示。1階店舗では隣接する工房で作られた作品などを販売。特に本間木工所オリジナル柄にはファンも多い。

- ☎0460-85-5646
- 所箱根町湯本84
- 営業時間についてはHPを要確認
- 休1月1日　料500円、小学生300円
- 交箱根登山鉄道・入生田駅から徒歩8分
- P12台

→コースター制作体験もできる。2名以上で要予約、所要1時間、1100円

→展示はすべて所蔵品。買い戻した欧米への輸出品など貴重な品が並ぶ

フォトフレーム →5000円
市松模様はモダンな雰囲気で、家のインテリアにマッチしやすい

→6300円
彩糸目筋 名刺入れ
桂神代の黒い木材の下、カラフルなストライプが隠れた「彩糸目筋」

ぐい呑み →5000～8500円
格子市松に組んだ寄木をろくろでくりぬいたムクの杯

すだれ箱 →6000円
開けると収納されるスライド扉付きボックス。本間木工所オリジナル模様として意匠登録されている「古代裂」柄

現代的デザインも注目の寄木細工

オンリーワンデザインを買いたい

伝統的な幾何学模様を生かしたり、アレンジしたり、貼り合わせた角材を削って不思議な模様を生み出したり。寄木細工のデザインはモダンに進化中。

アート・文化●伝統工芸

駅伝のトロフィーを作る匠の店
贅沢なムク作りの作品が見事

金指ウッドクラフト
かなざしウッドクラフト

畑宿 **MAP** 付録P.17 E-4

寄木細工の里、畑宿でも屈指の実力派職人・金指勝悦氏の店で、店頭の9割が自社工房の作品だ。確かな技術に裏打ちされ、斬新なアイデアを形にした寄木が美しく、思わず欲しくなる作品がいっぱい。

- ☎0460-85-8477
- 所箱根町畑宿180-1
- 10:30～15:30
- 休月・水曜　交畑宿バス停からすぐ　Pあり

→コースター制作体験もできる。所要1時間20分、最終受付11:00 12:30 14:30、1000円

アロマポット →3200円～
アロマポットではあるが、楊枝入れ、テーブル用一輪挿しなど、用途は工夫次第でさまざま

りんごの小箱 →1万1000円
大小さまざまなサイズがある。ムクならではの模様の出方が美しい

ワイングラス →1万3000円
足の部分に付いたリングの飾りごと削り出している

名刺入れ →4600円
陰枡模様が立体的に浮き上がって見えて不思議

ココにも注目！
箱根駅伝の優勝トロフィーは、「箱根細工」！

お正月の風物詩、箱根駅伝の優勝トロフィーを制作するのは金指ウッドクラフトの金指勝悦氏。スカイツリーやラグビーのW杯など、その年の話題となった事柄をテーマにデザインする。店には、試作品やレプリカなどが飾られている。

→90回大会の優勝杯。富士山が世界遺産になった年で、富士山と芦ノ湖をイメージ

▶3500円

葉っぱ箸置き
どんな器とも相性がよいやさしい色合い。お家時間を彩る食卓の必須アイテム

▶各990円

マカロン小物入れ
カラフルなマカロンを寄木で表現したら、フォルムがかわいい小物入れに

↑新進気鋭の作家と意見を交換しながら完成させた実用性の高い作品が素敵

現代生活になじむデザインとアイデア豊かな新作が充実
箱根寄木細工うちはら
はこねよせぎざいくうちはら

箱根旧街道 MAP 付録P.14 A-4

3代目の現店主は子どもの頃から寄木職人との交流が深いため寄木への愛情が深い。公私にわたる作家との交流で生まれた新作も多く、実用性があって機能的、暮らしのアクセントになる作品が多い。

☎0460-83-6222　箱根町箱根165
⏰10:00～17:00（季節により変動あり）
休水曜　交箱根町港バス停からすぐ
P4台

↑箱根町港のすぐそば。2020年7月に新店舗が完成

ベーグル
重さがあるのでペーパーウエイトやペン立てに使えるベーグル形の文房具

▶各4300円

▶各1000円

コースター
使ったあとはサッと洗って吊るすことができる穴あきタイプ。自然の木目が美しい

バレッタ
「うちはら」オリジナル。作家自身、異常に細かすぎる模様だという繊細な作品、篠田英治氏作

▶各2300円

色木編みのコースター
生地をそのまま見せるのが伝統だが、漆塗りのものもある。干菓子やチョコレートを置いても素敵

▶2640円（左）、3960円（右）

たまちゃんたまさん
起き上がり小法師（こぼし）。日々さわっているうちに手の脂でツヤが増す

▶5060円（小）、7040円（大）

すり漆ヘリンボーン大皿
木目を斜めに配することでテキスタイルのような模様となる。外注するのが慣例の漆塗りも小田原漆器の職人に教えを請い、自ら作業

▶6万6000円

寄木のちりとり
しなやかで強く、実際に使い勝手がいい

▶6600円

新しいアイデアがキラリセンスあふれるモダンな寄木
るちゑのやどりぎ

畑宿 MAP 付録P.17 E-4

学生時代、箱根への旅で初めて寄木に出会い、惚れ込んで金指ウッドクラフトに弟子入りしたという新進気鋭の作家・清水勇太氏の店。果敢に取り組む新技法、リズム感あふれる作品が特徴的。

☎0460-83-8194　箱根町畑宿203
⏰日曜11:00～16:00　休月～土曜
料体験内容により異なる
交畑宿バス停からすぐ
Pなし（畑宿寄木会館の駐車場を利用）

↑角の一点で自立するキューブは影と市松と相まって無重力に見える

↑日曜のみ営業なので要注意。わざわざ訪れたくなる素敵な作品の宝庫

カスタネット
弦楽器職人を意味するルチエを名乗る店らしく、楽器も多い

▶3850円

オンリーワンデザインを買いたい

温泉旅館とモダンデザインの調和
星野リゾート 界 が伝統を継ぐ

アート・文化 ● 伝統工芸

地域に根付いた伝統にふれられる、全室リバービューの温泉旅館。
寄木細工をテーマにデザインされた部屋が、心地よい滞在をサポートする。

箱根の自然に抱かれて
伝統工芸品にふれるひととき

箱根湯本にたたずむ、瀟洒な温泉旅館。箱根の四季が楽しめる半露天風呂と、寄木細工の工芸作家とコラボレートした客室「箱根寄木の間」が特徴的だ。「清流リビング付き和洋室」には、モダンな寄木細工が並ぶ「寄木ギャラリー」を備えており、伝統工芸品を身近に感じることができる部屋だ。

星野リゾート 界 箱根
ほしのリゾート かい はこね

箱根湯本 MAP 付録P.10 B-4
☎0570-073-011（界予約センター）
所 箱根町湯本茶屋230　交 箱根登山鉄道・箱根湯本駅からタクシーで7分　P 15台
in 15:00　out 12:00　室 32室
予 1泊2食付3万1000円〜

宿泊プラン

館内寄木細工の美しさを堪能できる「寄木八寸」のほか、名物「明治の牛鍋」などが味わえる「特別会席プラン」がおすすめ。予約は公式Webサイトまたは電話まで。

手作り体験できます

館内で寄木のコースター作りやリース作りを体験することができる。※季節により内容は異なる

1. ルームキーにも寄木細工が使われている　2. 客室にしつらえられた箱根寄木細工のひとつひとつが色彩豊かで美しい　3. 寄木の器でティータイムを楽しむことも　4. 「箱根寄木の間」（清流リビング付き和洋室）。広々とした部屋の各所に寄木細工がちりばめられている　5. 一枚の絵画のような風景が広がる半露天風呂　6. 寄木の器を使用して提供される旬のお造り　7. 特別会席の一品「明治の牛鍋」は界箱根の名物　8. 湯坂山と須雲川の自然を望めるロビーラウンジにも寄木の作品が飾られている　9. 湯坂山や須雲川など四季折々の景観が楽しめる

GOURMET
Hakone

食べる

一流の味を
のびやかな空間で
いただく幸せ

セレブな別荘族や、外国人観光客が
満足するように、切磋琢磨してきた
シェフたちが供するお皿は一流だ。
同じ理由で、パンや洋菓子、
洋食もハイレベル。
おいしい水が育んだそばや
豆腐文化にも注目したい。

季節や時間で表情を変える湖や富士山の景色が満喫できるフレンチの「ヴェル・ボワ」

食べる

極上のフレンチ&イタリアン

セレブに愛されてきた
名店7店

老舗リゾート箱根に来たら食事にもこだわって、新鮮な魚介類や地元野菜のコラボレーションが見事な本格フレンチやイタリアンレストランへ、ときにはドレスアップして出かけたい。

↑落ち着いたインテリアの店内、ていねいな接客に定評がある

フランス料理
ヴェル・ボワ

予約	夜は要
予算	Ⓑ 2662円～
	Ⓛ 2118円～
	Ⓓ 9075円～

芦ノ湖畔の絶景もごちそう
格式ある老舗フレンチ

芦ノ湖周辺　MAP 付録P.14A-2

本場フランスで修業したシェフが、肉、魚介、野菜と四季の幸を生かした本格フランス料理を提供する。伝統的なフレンチの技を駆使した料理に加え、ランチではハンバーグやカレーなどカジュアルな一皿も用意。

☎ 0460-83-6321（小田急 山のホテル）
所 箱根町元箱根80 小田急 山のホテル
営 7：30～9：30(LO) 11：30～13：30(LO) 17：30～19：30(LO) 休 無休 交 元箱根港バス停から徒歩15分(送迎バスあり) P 100台

ビーフシチューのセット
手間を惜しまずに調理された、とろけるお肉が自慢

104

イタリア料理
Albergo bamboo
アルベルゴ バンブー

四季折々の花と緑に囲まれた美しい白亜の洋館レストラン
仙石原 MAP 付録P.5 D-2

大きなガラス戸から差し込む光と、大理石のシャンデリアのやさしい光に包まれたメインダイニング。トスカーナで修業を積んだシェフが丹精を尽くし、ジノリの器に盛り付けられた料理を心ゆくまで堪能したい。

☎0460-84-3311
所 箱根町仙石原984-4　営 11:30〜14:00(LO) 17:30〜20:00(LO)　休 火曜　交 仙石原小学校前バス停から徒歩5分　P 60台

↑ゴージャスな一軒家レストラン。真っ白な外壁がまぶしい洋館だ

↑ラグジュアリーな空間で優雅なランチタイムを

コース料理
サラダは生ハムとともに削りたてのチーズをトッピングしてくれる。メインも地元の素材を使用。5808円

予約	要
予算	L 3388円〜 / D 7260円〜

フランス料理
LE VIRGULE
ル ヴィルギュル

シンプルフレンチを目と舌で存分に味わう至福
仙石原 MAP 付録P.5 D-2

フランスや日本の名店で修業したシェフが腕をふるう、ちょっと気軽なビストロ。地元の新鮮な野菜や魚、パスタを落ち着いた店内でゆっくりと楽しめる。夜は自然派ワインとともに自慢の料理を味わいたい。

☎0460-83-8844
所 箱根町仙石原242 中六ビル1F　営 11:30〜13:30(LO) 17:00〜21:30(LO)　休 火曜、第1月曜　交 仙石原案内所前バス停から徒歩2分　P 2台

↑フランスのどこかの街にありそうなビストロ

↑全15席の小さな空間。温かみがあり心地よい

予約	可
予算	L 1800円〜 / D 3000円〜

ランチコース
日替わりスープと数種のオードブル、魚か肉、パスタのメイン、自家製パンが付く。1800円〜

セレブに愛されてきた名店7店

> イタリア料理

CASAMIA
カーサミーア

地元食材をふんだんに使用した本格イタリアン

強羅 **MAP** 付録P.9 D-1

箱根の山々を見渡すロケーションが素晴らしいレストラン。駿河湾や相模湾の新鮮な魚介類、地元農家の野菜などをふんだんに使用、趣向を凝らした季節のメニューが堪能できる。メニューはコースのみ。完全予約制で、前日までの予約が必要。

☎ **0460-86-1201**（箱根エレカーサ）
所 箱根町宮城野1362-16 箱根エレカーサ内
営 18:00～21:00(LO18:30) 休 無休 交 箱根登山鉄道・強羅駅から車で8分（強羅駅から送迎あり、要予約） P 15台

↑ どの席からも箱根内輪山の絶景が望める

↑ 新鮮な魚介とみずみずしい野菜を使った目にも美しいカルパッチョ

予約	要
予算	Ⓓ8000円～（ハーフコース）

フルコースの一例
パスタ、前菜、魚料理、肉料理、ドルチェなどメニューはその日の仕入れ食材によって変わる。スタンダードコース1万2000円～

> フランス料理

La forêt
ラフォーレ

料理長が考案した日本人の味覚に合うフレンチ

仙石原 **MAP** 付録P.5 D-3

オリジナルの「フレンチジャポネ」をいただけるレストラン。フレンチジャポネとはフランス料理の伝統技法に和の食材や調理法を取り入れたもの。口当たりが軽く、繊細でやさしい味わいのフレンチが楽しめる。

☎ **0460-84-8541**
（小田急箱根ハイランドホテル）
所 箱根町仙石原品の木940 小田急箱根ハイランドホテル
営 7:30～9:30(LO)
11:30～13:30(LO)
17:30～20:00(LO)
休 無休 交 品の木・箱根ハイランドホテルバス停からすぐ P 65台

予約	可
予算	Ⓑ2420円～ Ⓛ2057円～ Ⓓ9075円～

↑ 季節の野菜を使った前菜

↑ 濃紺と金をテーマカラーにした、上品な店内

↑ シェフの厳しい目で選ばれた素材を使用したメインは、国内だけでなく海外にも目を向けて

イタリア料理
ソラ アンナ

**まさにイタリアのスローフード
地元食材で作る旬の絶品料理**

宮ノ下 MAP 付録P.16 C-4

スープに加え、4～5種類ずつ用意された前菜とパスタから各1品をチョイスするコースが税込2915円。どれも地元の厳選食材を用いた料理でパスタは手打ち。前菜はメインと見紛うボリューム。味も絶品。

☎0460-83-8016
所 箱根町宮ノ下105 営 11:30～14:30(LO) 休 月曜 交 箱根登山鉄道・宮ノ下駅から徒歩3分 P あり

予約 可
予算 (L) 2915円～

相模湾地鯛を片浦レモンでマリネ
下中玉ネギの甘さが際立つ露地サラダとともに燻製煙を瓶に閉じ込めている。ジャーまるごと1瓶が1人前

駿河湾産しらすと露地野菜のパスタ
耳たぶを意味するパスタ、オレキエッテは自家製の手打ちで、湘南小麦を使用している

↑イタリアで腕を磨いたシェフが夫妻で切り盛り

↑のんびりランチを楽しみたい

セレブに愛されてきた名店7店

フランス料理
WOODSIDE dining
ウッドサイドダイニング

**地元の旬の厳選食材を使った
五感で味わう創作フレンチ**

仙石原 MAP 付録P.5 E-2

箱根近郊の食材をシェフ自らが選び、素材の旨みを最大限に生かした料理を提供。朝食は野菜たっぷりのブッフェ。専属パティシエのオリジナルスイーツも味わえる。都会の喧騒を忘れて優雅なひとときを過ごしたい。

☎0460-83-9090(箱根リトリート före)
所 箱根町仙石原1286-116 箱根リトリート före内 営 7:30～10:00(LO9:30) 11:00～14:30(LO14:00) 18:00～22:00(LO21:30) 休 無休 交 俵石・箱根ガラスの森バス停から徒歩5分 P 45台

↑大きな窓と高い天井が特徴の店内

ランチコース(一例)
箱根野菜のバーニャカウダ、メインは肉か魚を選べる。3025円

予約 要
予算 (B) 3025円
    (L) 3025円
    (D) 9680円

↑箱根らしい森の中の静かなロケーション

日本の伝統的おもてなしにふれる
贅沢美食の懐石料理4店

季節感はもちろん、宝石のように美しい細工に食材への愛情を感じる懐石料理。
相模湾と駿河湾に近い箱根ならではの新鮮魚介の味も、存分に生きている。

↑窓から箱根の山々が見える「懐石料理 花壇」のメインダイニング

懐石料理 花壇
かいせきりょうり かだん

強羅 MAP 付録P.16 C-2

昭和初期建造の洋館でいただく季節感あふれる懐石料理

昭和5年(1930)に閑院宮家別邸として建てられた洋館を改修せず復元。ハーフティンバー様式の外観やアール・デコの内装など、ステンドグラスやトイレといった細部にいたるまで当時のままの姿が残っている。食事と入浴を楽しむ日帰りプランも用意。

☎0460-82-3333
所 箱根町強羅1300 強羅花壇
営 11:00～15:30(LO14:00) 17:30～21:00(LO19:00)
休 不定休
交 箱根登山鉄道・強羅駅から徒歩3分
P あり

予約 要
予算 LD 5000円～

↑どの料理も彩り豊か

↑メニューは月ごとに替わり季節の旬の味を生かした料理が楽しめる

↑盛り付けにも季節感が感じられ、見た目にも美しい

108

菊華荘
きっかそう

宮ノ下 MAP 付録P.16A-3

見た目も美しく、四季を感じる日本料理の会席を味わう

富美宮内親王のために建てられた夏の御用邸を当時のまま使用する日本建築だが、食事のみ、あるいは食事と入浴のみで利用することができる。旬の食材を使った会席料理で、ランチには旬の食材にこだわった季節のお弁当もおすすめ。

☎0460-82-2211（富士屋ホテル）
箱根町宮ノ下359 富士屋ホテル 11:30～15:30（LO14:00）17:30～（予約制） 無休 箱根登山鉄道・宮ノ下駅から徒歩9分 P10台

↑手打ちそばと天ぷら、おまかせにぎりが楽しめる蕎麦会席7300円

予約 要
予算 L7300円～
D1万8000円～

↑数寄屋風書院造りの純日本建築の落ち着いたたたずまい

↑旬の食材を使用した季節のお弁当1万円

↑皇室の別邸当時、宮様方がメインの居室としてお使いになっていたという広間。「菊華荘」の御座所

鯛ごはん懐石 瓔珞
たいごはんかいせきようらく

塔之沢 MAP 付録P.10C-2

名物は鯛ごはんと鯛茶漬け 水と緑に囲まれた美食スポット

京都南禅寺の老舗料亭で腕を磨いた調理人による縁起物の鯛を使った懐石料理が評判で、名物の鯛ごはんをはじめ、季節感たっぷりの料理が楽しめる。ランチタイムには、一番人気の瓔珞鯛ごはんをぜひ。

☎0460-85-8878
箱根町塔之沢84 11:30～14:30(LO)17:30～19:00(LO) 水曜、月・火・木曜の夜 箱根登山鉄道・塔ノ沢駅から徒歩5分 Pあり

↑瓔珞鯛ごはん4378円。季節の料理を盛り込み、彩りも豊かで人気

予約 可
予算 L3278円～
D5258円～

↑早川のほとりにたたずみ、窓からは木々の緑、秋には紅葉が楽しめる

↑小田原で仕入れた鯛と利尻昆布で香ばしく炊き上げた鯛ごはん

つつじの茶屋
つつじのちゃや

芦ノ湖周辺 MAP 付録P.14A-2

芦ノ湖と山々を眺めながら 季節を彩る和食に舌鼓

岩崎男爵別邸の茶室につけられた名を継ぐ、小田急 山のホテル(P.128)内の日本食レストラン。芦ノ湖を一望する落ち着いた店内で、厳選素材の懐石料理を提供するほか、昼食も用意。お子様メニューもあるので、家族の記念日に3世代で利用したい。

☎0460-83-6321（小田急 山のホテル）
箱根町元箱根80 小田急 山のホテル 7:30～9:30(LO) 11:30～13:30(LO) 17:30～19:30(LO) 無休 元箱根港バス停から徒歩15分（送迎バスあり） Pあり

↑季節ごとの芦ノ湖の景色もごちそう。プライベート重視の個室も対応

予約 可
予算 B2662円～
L2178円～
D7865円～

↑盛り付けが美しい懐石膳など、幅広い世代が楽しめる工夫と技が光る。写真は旬の食材を使ったランチの季節のミニ懐石

贅沢美食の懐石料理4店

知客かいせきプラン 5500円
（2日前までに要予約。注文は2名から）
早雲豆腐が食べられる人気の懐石料理。個室料、サービス料込みのお得なプラン

山芋と豆腐を使った創作料理
早雲豆腐が人気の食事処

知客茶家
しかちゃや

箱根湯本 MAP 付録P.17 D-2

↑かつては温泉宿だったので、個室で落ち着いて食事ができる

湯本橋のたもとにあり、囲炉裏を囲む1階のほか、2階には個室（要予約）がある。人気の早雲豆腐は、地元で作られる木綿豆腐を昆布だしで温め、飛騨高山の田舎味噌で仕立てたとろろをかけた自慢の逸品。

☎0460-85-5751
所 箱根町湯本640 営 11:00〜14:15(LO)16:30〜18:45(LO) 休 水・木曜（祝日の場合は営業）交 箱根登山鉄道・箱根湯本駅からすぐ P あり

↑木造3階建ての風情あるたたずまい

予約	望ましい
予算	L 2000円〜 / D 2500円〜

早雲豆腐 840円
地元で作られた木綿豆腐と田舎味噌で仕立てたとろろが絶妙な調和を生むオリジナル料理

食べる

おいしい水が育んだ名物料理
豆腐と湯葉の やさしい味わい

箱根名物の豆腐をメイン素材にした料理の数々。シンプルな食材だからこそ味わい豊かな料理になる。

↑→夏の夜にはホタルが舞うという早川沿いにあり、窓側の席からは清流や緑を眺められる

大平台の名水、姫の水で作る
滋味豊かな湯葉料理を味わう

湯葉丼 直吉
ゆばどん なおきち

箱根湯本 MAP 付録P.17 E-2

看板メニューの湯葉丼をはじめ、湯葉刺し、湯葉や豆腐を使った甘味も楽しめる。湯葉丼は特製のカツオだしのスープで味付けし、ふんわりとした卵とじで仕上げたマイルドでやさしい味わい。

☎0460-85-5148
所 箱根町湯本696 営 11:00〜19:00(LO18:00) 休 火曜 交 箱根登山鉄道・箱根湯本駅から徒歩3分 P なし

予約	不可
予算	LD 1100円〜

湯葉丼 1100円
ぐつぐついう土鍋の中で卵とじになっている湯葉をご飯にたっぷりかけていただく

店先でも試してみたい

絶品！豆腐をお持ち帰り

地元に根付いた豆腐専門店が作る素朴な味わい。日常食とはいえ箱根名物となった豆腐を味わいたい。

名物のしゃくり豆腐が人気 午前中に完売する日も多い
箱根 銀豆腐
はこね ぎんどうふ
強羅 MAP 付録P.16 C-1

創業から100年以上になる老舗。強羅周辺の名旅館や、ランチの行列で知られる田村銀かつ亭に豆腐類を卸していることでも有名。おみやげには鮮度が命のしゃくり豆腐は不向きだが、木綿や厚揚げなどがおすすめ。

↑しゃくり豆腐は、まずは醤油をかけずに味わいたい
☎0460-82-2652
所 箱根町強羅1300-261
営 7:00〜17:00（売り切れ次第閉店） 休 木曜 交 箱根登山鉄道・強羅駅から徒歩2分 P あり

しゃくり豆腐 220円
ほのかに黄色みを帯びたほの温かい豆腐。水にさらしていないためか、大豆の香り、甘みが豊かに感じられる

箱根の名水と国産大豆で作る風味豊かな姫とうふ
辻国豆ふ店
つじくにとうふてん
大平台 MAP 付録P.10 A-2

創業昭和30年(1955)。大平台温泉の湧き水、姫の水と源泉を同じくする浅間山の伏流水を使った「姫とうふ」をはじめ、豆乳、油揚げや生揚げなどを販売。豆腐を買うなら、完売で買い逃さないよう午前中がおすすめ。

箱根白雪絹ごし豆腐 205円
宮城県産大豆タンレイ100%の特製絹ごし豆腐。大豆の旨みが詰まったクリーミーな味わい

箱根白雪豆乳（500ml）270円
国産大豆100%の豆乳。ボトル入りのほか、1杯(200ml)100円で、店頭で飲むこともできる

↑油あげ76円、生あげ183円
☎0460-82-2156
所 箱根町大平台442-2
営 8:30〜16:30 休 水曜 交 箱根登山鉄道・大平台駅から徒歩10分 P なし

100年以上の歴史を持つ 宮ノ下の老舗豆腐店
豊島豆腐店
とよしまとうふてん
宮ノ下 MAP 付録P.16 A-3

先代の店主は、豆腐の繊細で豊かな香りや甘み、舌ざわりを引き出すため、70年にもおよぶ自身の経験に加え、考え抜いたロジカルで独自の手法を編み出した。その真面目な姿勢を受け継ぎ、滋味あふれる豆腐を提供する。

↑店頭用より大きな、おみやげ用汲み豆腐340円も販売する
☎0460-82-2545
所 箱根町宮ノ下340-2
営 9:00〜15:00 休 水曜 交 箱根登山鉄道・宮ノ下駅から徒歩7分 P なし

ゴマ風味の汲み豆腐 250円
汲み豆腐に、コクと旨みをたたえた黒ゴマをたっぷり投入。同店の豆乳をかけるとさらに風味アップ

汲み豆腐 230円
なめらかで大豆の味わいが濃厚

江戸時代創業の老舗 風味豊かでコクのある豆腐

ごま豆腐・豆乳杏仁豆腐各380円
ごま豆腐(手前)と豆乳杏仁豆腐(奥)のほか、箱根名物の玉だれ豆腐280円も店頭で食べられる

豆腐処 萩野
とうふどころ はぎの
箱根湯本 MAP 付録P.17 D-2

国産大豆100%で、天然のにがりと湯坂山の湧水を使って、みずみずしい豆腐を作っている。豆腐のほか、高級刺身用の生湯葉や大和芋、ニンジン、ゴマ入りのがんもどきなどもある。

↑店頭で食べたり、持ち帰ったりするリピーターも多い
☎0460-85-5271
所 箱根町湯本607
営 8:00〜18:00 休 水曜 交 箱根登山鉄道・箱根湯本駅から徒歩6分 P なし

豆腐と湯葉のやさしい味わい

大正7年(1918)建造
文化財の日本家屋でそばを食す

蕎麦 貴賓館
そば きひんかん

小涌谷 MAP 付録P.8 B-3

見事な庭を備えた日本家屋は藤田平太郎男爵の別邸として建てられたもので、国の有形文化財建造物として登録されている。供されるのは北海道北竜産そば粉を使用したそばで、一品料理も素晴らしく、気分も舌も満たされるお店だ。

箱根山膳 2860円
石臼挽きそばに先付け天ぷらがセットに。そばは細めで香りがよく、喉ごしも抜群

予約	望ましい ※夜は要
予算	L1980円～ D7200円～

☎0465-20-0260(箱根小涌園 天悠)
所箱根町二ノ平1297(箱根小涌園ユネッサン敷地内) 営11:00～15:00(LO14:30) 17:30～21:00(LO20:30) ※夕食は予約制 休無休
交小涌園バス停から徒歩3分 P4台

↑和室に椅子、テーブルを配し、年配の客にも好評。庭の眺めが見事

↑邸内に芸術蔵があり東郷青児や山本丘人などの絵を収蔵。鑑賞も可

職人のこだわりが息づいています
手打ちが主流 そばの名店

おいしい水に恵まれるという絶大な好条件のもとで、そば職人が腕をふるう。喉ごし抜群のそばを堪能。

自然薯の風味豊かなそば 美容と健康にもうれしい

はつ花そば 本店
はつはなそば ほんてん

箱根湯本 MAP 付録P.17 D-2

昭和9年(1934)創業。湯本橋のたもとに建つ風情ある老舗そば屋。水を一切使わず、国産のそば粉と自然薯、卵のみで仕上げたそば。つなぎに山芋を使用しており、時間が経ってもそばがのびにくいので、みやげに買う人も多い。

せいろそば(冷) 1200円
そばと自然薯山かけ、薬味がセットになった昔ながらのつけとろが一番人気のメニュー

予約	不可
予算	LD 800円～

☎0460-85-8287
所箱根町湯本635 営10:00～19:00 休水曜(祝日の場合は前日か翌日) 交箱根登山鉄道・箱根湯本駅から徒歩5分 Pあり

↑平日でも行列ができる本店。混雑時は弥栄橋を渡って左手にある新館の利用がおすすめ

↑1階と2階のカウンター席からは、清流早川の流れを眺められる

厳選した国産そば粉を使用 甘さを控えたつゆもおいしい

そば処 奈可むら
そばどころ なかむら

小涌谷 MAP 付録P.8 C-2

創業から約半世紀。北海道、幌加内母子里産のそば粉を用い店内で打つ二八そばには長年のファンも多い。角の立った細めのそばは喉ごしがよく、キリッと濃いめのつゆと抜群に合う。

↑テーブル席のほか、畳の小上がりも用意されている

☎0460-82-1643
所箱根町二ノ平1156 営11:00～19:00(LO18:30) 休木曜 交箱根登山鉄道・彫刻の森駅からすぐ Pあり

予約	可
予算	LD 1000円～

辛味おろしそば 1150円
薬味は、皮ごとおろした群馬産の辛味大根。辛さのなかに甘みを宿す

自然薯を練り込んだ絶品の自家製そば
じねんじょ蕎麦 箱根 九十九
じねんじょそば はこね つくも
仙石原 MAP 付録P.5 D-3

↑自然薯は県内産を使用。小田原の自社農園でも栽培

毎朝店で打つそばは自然薯を練り込み栄養満点。自然薯ムースの白いカレーそばや、湯葉カプレーゼなどオリジナル料理が充実しており、相性抜群のドリンク類も多数用意している。

☎0460-84-0899
所 箱根町仙石原917-11 営 11:00～20:30(LO20:00) 休 不定休 交 川向・星の王子さまミュージアムバス停から徒歩2分 P あり

じねんじょとろろ蕎麦御膳 1800円(税別)
自然薯とろろそばと自然薯とろ、「そば前」と呼ばれる小付け3品が付いた人気の御膳

予約 可
予算 L 1800円～

↑モダンかつヨーロピアンな店内に和のテイストを配したお店

野趣に富んだ二八そばとほのかな甘みの九一そば
手打ち蕎麦 彦(げん)
てうちそば げん
箱根湯本 MAP 付録P.10 C-3

そばの実を殻ごと石臼挽きした二八そばの「彦」と、そばの実の殻を抜いた白いそば粉を使った九一そばの2種類が食べられる。二八そばは1日15食限定で人気。

☎0460-85-3939
所 箱根町湯本茶屋183-1 営 11:00～14:30(そばが売り切れ次第閉店) 休 月・火曜 交 箱根登山鉄道・箱根湯本駅から徒歩20分 P あり

↑ゆったりと配置されたテーブル。テラス席もある

予約 不可
予算 L 1100円～

鴨汁蕎麦 2100円
青森県から取り寄せた本鴨ロース肉を使ったつけ汁がそばのうまさを引き立てる

石臼で挽く風味豊かなそばを名人直伝の手打ちで仕上げる
箱根 暁庵
はこね あかつきあん
箱根湯本 MAP 付録P.10 C-3

厳選した国産のそばの実を毎朝石臼で自家製粉し、そば打ち名人直伝の技で打つ、香り高く、喉ごしのよいそばが食べられる。マイルドなそばつゆとの相性も良好。

☎0460-85-6763
所 箱根町湯本茶屋182-4 営 11:30(土・日曜、祝日11:00)～16:00(LO15:30) 休 水曜(祝日の場合は営業) 交 台の茶屋バス停から徒歩5分 P あり
※2021年10月リニューアルオープン予定。改装工事中は隣接する食事処「暁亭」で営業

天婦羅せいろ 2400円
せいろそばに、車エビ2本、メゴチ、野菜3点の天ぷらが付く

↑囲炉裏のある店内からは日本庭園を望める

予約 不可
予算 L 1000円～

手打ちが主流 そばの名店

RESTAURANT ROI
レストラン ロア

小涌谷 MAP 付録P.8 C-3

食べ終わるまでサクサクの ミートパイがおすすめ

箱根を代表する老舗の洋食店。素材にこだわり、手を抜かずに調理した、王道にして本物の料理が味わえる。足柄牛のビーフシチューや足柄牛のステーキといった神奈川県産の希少な食材を使用した料理も絶品。親子3世代にわたるファンも多い。

☎0460-82-4720
所 箱根町小涌谷520 営 11:30～14:30 17:00～21:00 休 火曜 交 箱根登山鉄道・彫刻の森駅から徒歩8分 P あり

予約	望ましい
予算	L 1300円～ / D 2000円～

サクサク ミートパイ 3085円
ジューシーなビーフを包んだパイは小麦粉やバターなど、必要最低限の素材による手作り（スープ、サラダ、パンまたはライス、デザート、コーヒーまたはウーロン茶付き）

↑高い天井と差し込む陽光が印象的なダイニング

↑昭和37年(1962)創業。現オーナーシェフは2代目

食べる
リピーターもいち押しの行列店
箱根の名物ランチ

店主が思いをこめて開発した、オリジナリティあふれるメニューが評判の店はこちら。

田むら銀かつ亭
たむらぎんかつてい

強羅 MAP 付録P.16 C-1

ジューシーな豆腐かつとだしの旨みが絶妙な名物料理

名物の豆腐かつ煮は、「箱根銀豆腐」の特製豆腐に豚ひき肉を挟んで揚げ、卵と土鍋で煮込んだ人気メニュー。油はヘルシーな米油、豚肉はブランド豚の「和豚もちぶた」を使用。ブランド豚3種から選べるロースカツ御膳もおすすめ。

☎0460-82-1440
所 箱根町強羅1300-739 営 11:00～14:30 17:00～19:00(LO18:30) ※季節により変動あり 休 火曜の夜、水曜 交 箱根登山鉄道・強羅駅から徒歩2分 P 14台

予約	不可
予算	L 1400円～ / D 3000円

↑強羅駅の裏手にある和のたたずまい。店の上手に駐車場がある(左)。天井が高く開放感のある店内。くつろげる座敷席もある(右)

豆腐かつ煮御膳 2310円
ふわふわの豆腐にすき焼風のタレが染み込み、一度食べたらやみつきになる味わい

"心"（cocoro）
スペシャル1700円
角煮、カツ、温泉玉子に野菜もたっぷり。辛ソースで辛さの調節もできる

箱根かれー 心
はこねかれーこころ

箱根湯本 MAP 付録P.17 E-2

17種類のスパイスを使ったオリジナルのあつあつカレー

玉簾の滝の「延命の湧水」を使用し、化学調味料を使わないオリジナルブレンドのスパイシーでヘルシーなカレーが食べられる。耐熱容器でカレーは最後まであつあつで、ご飯は白米ではなく、栄養価の高い紫黒米というこだわり。

☎0460-85-8556
所 箱根町湯本475-8　営 11:00〜14:30 (LO14:00) 17:00〜20:15 (LO19:30)　休 月曜（祝日の場合は営業）　交 箱根登山鉄道・箱根湯本駅から徒歩5分　P なし

↑奥にはフィギュアを展示。記念撮影サービスもあるユニークな店

↑駅から少し離れている静かな環境。店頭に立つロボットが目印

予約 可（当日不可）
予算 L D 1200円〜

箱根 明か蔵
はこね あかくら

箱根旧街道 MAP 付録P.14 B-4

箱根山麓の滋味深い食材をヘルシーなセイロで味わう

箱根の自然の恵みを受けて育った山麓野菜をはじめ、箱根山麓豚や富士山麓の太陽チキンをセイロで蒸したメニューが人気。蒸すことで不要な脂が落ち、肉汁が野菜に染み込み、素材本来の味を堪能できる。タレはポン酢とゴマダレがある。

☎0460-85-1002
所 箱根町箱根47　営 11:30〜15:00 土・日曜、祝日11:00〜16:00　休 木曜（祝日の場合は営業）　交 箱根関所跡バス停からすぐ　P 8台

↑箱根関所近くにあり、天気が良ければテラス席もおすすめ

予約 可（平日の12時まで）
予算 L 1250円〜

あかセイロ膳 1650円
豚肉と鶏肉の旨みが染み込んだ野菜が美味。ご飯、スープ、サラダ、小鉢、デザート付き

↑大きな窓の明るい店内。ゆったりしたテーブル席が並ぶ

鯛らーめん 麺処 彩
たいらーめん めんどころ さい

箱根湯本 MAP 付録P.17 F-1

店主が考案したオリジナル鯛らーめんは、塩と醤油の2種

動物系素材を一切使わず、羅臼昆布と真鯛のアラを圧力釜で炊き上げたスープは、コラーゲンたっぷりだが、あっさりとして繊細な風味。塩と醤油のほか、鯛らーめんのスープで炊いたご飯の焼きおにぎりもおすすめ。

☎0460-83-8282
所 箱根町湯本706 丸嶋ビル3F　営 11:00〜14:30(LO)　休 火・水曜（祝日の場合は営業）　交 箱根登山鉄道・箱根湯本駅から徒歩1分　P なし

鯛らーめん（塩）セット 1260円
麺を食べ終えたら、"鯛めし焼きおにぎり"と薬味をスープに入れてお茶漬け風にして

↑カウンターもあり、1人でも気軽に入れる

↑駅前にあり、窓側の席からは、駅前の商店街を見下ろせる

予約 不可
予算 L 900円〜

箱根の名物ランチ

香ばしい香りが食欲をそそります
焼きたてパンをめしあがれ

外国人客が満足するパンをホテルに供給する——明治期、そんな使命があったからパン職人の腕が上がった。箱根のパンはちょっとレベルが違う。

芦ノ湖を見渡せる店先の足湯。パンをほおばり至福のひととき／Bakery & Table 箱根

食べる

Bakery & Table 箱根
ベーカリー＆テーブル はこね
箱根旧街道 MAP 付録P.14 B-3

湖畔で足湯に浸かりつつ食す絶品パン
ホテルベーカリー伝統の製法とパン作りの歴史を持つベーカリー。シェフが厳選した素材をふんだんに使用し焼き上げるパンは、毎日60種類以上が入れ替わり店頭に並ぶ。

☎ 0460-85-1530
所 箱根町元箱根9-1
営 ベーカリー・パーラー10:00～17:00、カフェ9:00～17:00(LO16:30)、レストラン11:00～18:00(LO17:00)
休 無休
交 元箱根港バス停からすぐ
P なし

塩パン 119円
サクサクでもちもち、バターのコクと塩のアクセントが後を引く

クリームパン 303円
ふわふわのやわらかい生地に甘さひかえめのクリームがたっぷり

チャイルドドッグ 335円
肉汁があふれだす大きなソーセージとチーズのホットドッグ

米粉のカレードーナツ 375円
米粒をまぶしたサクサク生地とゆで卵入りの辛めカレーが人気

ベーカリー＆スイーツ"PICOT"
ベーカリー＆スイーツ"ピコット"
宮ノ下 MAP 付録P.16 B-3

富士屋ホテルのパンがここで購入可能
富士屋ホテル直営のベーカリー。スイーツも用意されており、贈り物や自宅へのおみやげにもおすすめの商品を多数販売。アップルパイやカレーパンが人気を博す。

☎ 0460-82-5541
所 箱根町宮ノ下359 富士屋ホテル
営 9:00～17:00
休 無休
交 箱根登山鉄道・宮ノ下駅から徒歩7分
P 10台

レーズンパン 700円
水ではなく、牛乳で生地を練ったやさしい味のパンにレーズンがたっぷり

食パン 1斤400円
箱根の天然水を使用した食パンはおみやげにも人気

カレーパン 350円
レストランで提供しているカレーの味に限りなく近づけたルーと、甘めの生地が相性抜群

före bakery
フォーレ ベーカリー
仙石原 MAP 付録P.5 E-2

自家製天然酵母を使ったハードパン
テイクアウトして箱根散策はいかが。鎌倉のパンの名店「パラダイス・アレイ」とコラボしたベーカリー。天然酵母を使い、ハード系を中心に毎日10種類ほどのパンを焼き上げる。

☎ 0460-83-9090
(cafe & lounge)
所 箱根町仙石原1286-116 箱根リトリートföre内 営 9:00～23:00(なくなり次第閉店) 休 無休 交 俵石・箱根ガラスの森バス停から徒歩5分 P 45台

あんぱん 250円
噛み応えのある生地とあんこの絶妙なコラボ。柄もかわいい人気パン

ブリオッシュ 940円
乳製品を使用せず、バナナを隠し味に使ったしっとりやわらかいパン

炭生地 220円
鎌倉すぎぞくの高純度炭素率の竹炭を練り込んだパン。デトックス効果も

白生地 220円
鎌倉パラダイスアレイの伝統の味。もっちりとした歯ごたえが楽しめる

くるみとドライフルーツ 660円
フルーツのほどよい酸味とやさしい自然な甘みが特徴。味わい深いパン

箱根山ブレッド 1.5斤 494円
時間が経ってもおいしく食べられる食パン。なぜか和食のおかずとも相性がいい

きゃらぶきサンド 324円
和のおかず、きゃらぶきとパンをタルタルソースがつなぐ不思議においしいサンドイッチ

梅干しあんパン 259円
親戚が梅林を持っていることもあって誕生。小豆の甘さを絶妙に引き締める梅干し入り

渡邊ベーカリー
わたなべベーカリー
宮ノ下 MAP 付録P.16 A-3 →P.44

王道にして個性あふれるニッポンのパン
明治24年(1891)創業。もともとホテルに卸すためのパン屋だったため、翌日、翌々日にもおいしさを保つ工夫をするなど独自の進化を遂げている。箱根らしいオリジナルパンも好評。

☎ 0460-82-2127
所 箱根町宮ノ下343-3 営 9:30～17:00 休 水曜、第3火曜 交 箱根登山鉄道・宮ノ下駅から徒歩7分 P あり

セーグルレザン ハーフサイズ 390円
カレンズレーズン(山葡萄)とクルミがぎっしり。ライ麦と全粒粉を使用したカンパーニュ

箱根山龍神あんぱん 180円
箱根神社の龍神水を使用、九頭龍神社の月次祭に毎月奉納されている

箱根カレーパン 250円
スパイスがきいた自家製キーマカレーは鶏ひき肉入りのトマトベース。同店の定番

スペシャルメロンパン 290円
北海道産のメロン果汁を使用したクリームが美味。東名高速道路海老名SAの人気商品

プレミアムクロワッサン 250円
外はサクサク、中はもっちり。北海道産のフレッシュバターの風味が絶妙

箱根ベーカリー 風祭店
はこねベーカリー かざまつりてん
小田原 MAP 付録P.3 F-2

心が豊かになるプチ贅沢なパン
天然酵母を使って毎日ていねいに仕込み、長時間発酵させて焼き上げるパンは、風味豊かで絶妙なもちもち食感が魅力。クロワッサンなどの定番から変わり種まで種類も豊富。

☎ 0465-46-6500
所 小田原市風祭154-1 営 10:00～18:00 休 木曜 交 箱根登山鉄道・風祭駅から徒歩7分 P 10台

焼きたてパンをめしあがれ

↑ Café de motonamiは落ち着いた雰囲気の店内。アンティーク小物やアート作品を展示している

和も洋も、多彩に幅広くカバーする
カフェ&スイーツ

ホッとひと息つきたいときに、甘いものがあると幸せ倍増。
カフェや甘味処でひと休みして、スイーツにエネルギーをもらう。

Café de motonami
カフェドモトナミ

宮ノ下 **MAP** 付録P.16 B-3

**宮ノ下のシンボル的なカフェ
コーヒーと和スイーツを楽しむ**

北海道産の小豆を店内で煮込んで作ったあんこを使ったメニューが並ぶ。ネーミングもユーモラスだ。懐かしい雰囲気の空間でコーヒーの香りと和スイーツで旅の疲れを癒やしたい。ランチには地鶏のカレーライスがおすすめ。

☎0460-87-0222
所 箱根町宮ノ下366　10:00〜18:00(LO17:30)　休 木曜(祝日の場合は営業)　交 箱根登山鉄道・宮ノ下駅から徒歩7分　P なし

↑富士屋ホテルのバス待合所だった建物を改装。レトロな外観が目を引く

↑2階の窓から宮ノ下の通りを眺めながら、くつろぎの時間を楽しむ

宮ノ下小町 850円
ソフトクリームの上にフルーツ、白玉団子とつぶ餡がのったパフェ。しつこくない絶妙な甘さ

茶房うちだ
さぼううちだ

箱根湯本 **MAP** 付録 P.17 D-2

落ち着いた和テイストのカフェ
日替わりのシフォンケーキが好評

箱根の水で淹れるサイフォン式のコーヒーから、あんみつやおしるこなどの甘味、ホットケーキやスムージーなどメニューは幅広い。昔ながらのスパゲティナポリタンなどの食事もできる。

☎ 0460-85-5785
所 箱根町湯本640　営 10:00～18:00
休 水曜（祝日の場合は翌日）　交 箱根登山鉄道・箱根湯本駅から徒歩6分　P あり

↑箱根湯本で20年以上営業を続けている喫茶店。甘味がおすすめ（上）。テーブル席のほか、小上がりの座敷もある（下）

抹茶シフォンセット 980円
シフォンケーキは1日16個限定で、コーヒー、紅茶、抹茶から選べる

強羅花詩
ごうらはなことば

強羅 **MAP** 付録 P.16 C-1

箱根の名水で作った手作り甘味と
コーヒー、お茶でホッとくつろぐ

大正創業の老舗。宮城野にある本店に湧く嬰寿の命水を用い、熟練の職人が手作りする餡やお餅、季節の和菓子は心身ともにくつろげる温かな味。カフェで供されるお茶やコーヒーも嬰寿の命水を使う。

☎ 0460-82-9011
所 箱根町強羅1300　営 10:00～17:00　休 水曜
交 箱根登山鉄道・強羅駅からすぐ　P なし

あんみつ 850円
寒天、餡、黒蜜にいたるまで名水で手作り。おみやげに人気の温泉餅をトッピング

↑本店店頭の泉。汲んで持ち帰る人も多い名水

↑強羅駅前すぐのカフェ。ほかに宮城野本店、仙石原店がある

カフェ＆スイーツ

グランリヴィエール箱根 仙石原本店
グランリヴィエールはこね せんごくはらほんてん

仙石原 **MAP** 付録 P.4 B-4

ゆったり過ごせる2階カフェ
おいしいソフトクリームも味わいたい

自社でラスクのためのフランスパンを焼いており、サクサクの食感が楽しい。バターの香りと砂糖の甘さをまとったプレーン510円のほか、お酒に合うガーリック、ココアパンを使用したショコラベイクなど多彩に展開。

☎ 0120-396-852
所 箱根町仙石原1246-737　営 10:00～17:00（季節によって変動あり）　休 無休
交 仙石高原バス停から徒歩1分　P あり

↑2階はセルフサービス・スタイルのカフェ。ドリンクをオーダーし、買ったばかりのラスクを味わう人も多い

↑車で箱根を訪れる人には駐車場を備えた仙石原の本店が便利

箱根ロイヤル ソフトクリーム 350円
地元産のブランド・ミルク、金太郎牛乳を使用。甘すぎず、さっぱりとしたソフトクリームだ。箱根ラスクを1枚トッピング。挽きたての豆を使用したホットコーヒーは300円

本当においしいから人気があるのです
箱根の味みやげ

旅の終わりに、箱根ならではのおみやげショッピング。自分の分も欲しくなる！

ゆず蜜 1620円
水やお酒で割って飲んだり、パンやヨーグルトにそのままかけたりと、さまざまに楽しめる。砂糖や着色料は不使用
●杉養蜂園 箱根湯本店 ➡P.74

湯もち 1個260円
国産もち米を使った白玉粉の餅の中に細かく刻んだようかんが入っているほんのりゆずが香るお菓子
●ちもと ➡P.74

鑛泉煎餅 15枚入り1300円
地元のお水を使い、今でも手焼き。緑茶、コーヒー、紅茶はもちろん洋酒にも合う
●川辺光栄堂 ➡P.42

すり身団子（12個入り）1814円
石臼ですりつぶした白身魚を揚げたもの
●竹いち ➡P.75

ナッツヴェセル（1/3）430円
7種類の木の実をパリパリのキャラメルでコーティングしたオリジナルのお菓子
●箱根 sagamiya ➡P.75

カステラ焼 箱根まんじゅう 1個70円
ふんわりとしたカステラ生地の中に白餡が入り、店頭で焼きたてを食べられる
●菊川商店 ➡P.75

山のブラウニー 285円
口どけのよいクーベルチュールチョコレートを使い、外はさっくり、中はしっとり
●箱根 sagamiya ➡P.75

沖縄黒糖ハードバウム（ホール）1280円
外側のザクッとした食感と沖縄黒糖が香ばしく、中はしっとりとやわらかいバター風味
●箱根・ルッカの森 ➡P.75

箱根ラスク 560円
キャラメル・アマンド8枚入り。お店の一番人気。キャラメルとカリフォルニア産スライスアーモンドをトッピング
●グランリヴィエール箱根 仙石原本店 ➡P.119

焼きぼこ（6枚入り）1296円
天然素材を使った鈴廣のかまぼこで、同店で販売しているあらぎりわさびがよく合う
●田雅重 ➡P.75

あらぎりわさび 540円
和風料理だけではなく、ステーキなどの肉料理にも使える国産わさびを使用した人気商品
●田雅重 ➡P.75

パリパリ焼きモンブラン 1個330円
皮はパリパリ、生地はしっとりで、渋皮栗の甘露煮がまるごと入っている
●箱根・ルッカの森 ➡P.75

湘南ゴールドソフトバウム（ホール）1280円
地元特産の柑橘類、湘南ゴールドを使ったしっとりふわふわの食感で爽やかな味わい
●箱根・ルッカの森 ➡P.75

泊まる

ときには「泊まる」ことが、旅の目的になる。箱根には、そんな旅館やホテルが多い。細部まで配慮が行き届いた一流のおもてなしが非日常の夢のような滞在をサポートしてくれる。

温泉、食事、客室、どれも一流の温泉宿

記念日に泊まりたいリゾート
ラグジュアリーな滞在
極上の湯宿

洗練された施設、最先端の設備、心地よい空間。
そしてなによりも心のこもったおもてなしが
箱根の滞在を最高の一日にしてくれる。

宮家ゆかりの湯宿で贅沢に
箱根屈指の高級名旅館

強羅花壇
ごうらかだん

強羅 MAP 付録P.16 C-2

閑院宮家の別邸を譲り受けてオープン。1989年の大改装を経て落ち着いたたたずまいはそのままに、よりラグジュアリーでモダンな旅館となった。広大な敷地には大浴場や庭、プール、月見台なども用意され、優雅な休日を過ごすことができる。
1. 温泉は3本の自家源泉を使用 2. 一流ホテルやレストランが集まるルレ・エ・シャトーの会員でもある 3. 露天風呂、庭を自室に備えた客室「葵」

日帰りプラン
● 「懐石料理 花壇」お食事＋入浴プラン(貸切風呂) 1万3200円
1時間30分の昼食と、食前あるいは食後に40分間の貸切風呂での入浴
● 「懐石料理 花壇」お食事＋エステプラン 1万9800円(エステ60分)／2万8600円(エステ90分)
1時間30分の昼食と、食前あるいは食後に60分または90分のエステコース

HOTEL DATA
☎0460-82-3331
所 箱根町強羅1300
交 箱根登山鉄道・強羅駅から徒歩3分
P 20台 in 15:00
out 11:00 客 39室
予算 1泊2食付5万8450円～(税・サービス料込)

SPA MENU
【アロマフェイシャル＆ボディ】90分2万5300円 【カダンフェイシャル】90分3万800円など

温泉 DATA
風呂数 露天風呂:2、内湯:2、貸切風呂:1 ※客室風呂は除く
泉質 単純温泉(弱アルカリ性)

宮ノ下の高台にたたずむ旅館
都会の喧騒を離れて

四季の湯座敷
武蔵野別館
しきのゆざしき むさしのべっかん

宮ノ下 MAP 付録P.9 D-3

秀吉も癒やしたとされる由緒ある温泉で、館内は足袋と浴衣で日本情緒を満喫できる。伝統的な和室にサラウンドスピーカーといった設備充実の客室も。自家製汲み豆腐や湯葉粥などやさしく体が目覚める朝食も評判が高い。部屋のテレビで富士山のライブ映像も見られる。
1. 箱根外輪山の絶景を望む貸切露天風呂「隠れ湯・薫風」 2. 特別な時間が始まる予感のエントランス 3. スイートルーム楓

HOTEL DATA
☎0460-82-4341
所 箱根町宮ノ下425-1
交 箱根登山鉄道・宮ノ下駅から徒歩25分(送迎あり)
P 30台 in 15:00
out 11:00 客 20室
予算 1泊2食付2万5300円～

SPA MENU
瑠璃 ～Special～
【フルボディトリートメント＆フルフェイシャルコース】
90分1万5000円(税別)など

温泉 DATA
風呂数 露天風呂:2、内湯:2、貸切風呂:3 ※客室風呂は除く
泉質 塩化物泉(弱アルカリ性)

大切な人をエスコート
大人2人旅がコンセプト

大人の隠れ家
箱根別邸 今宵 -koyoi-
おとなのかくれが はこねべっていこよい

強羅 MAP 付録P.16 B-2

大人だけの隠れ家がコンセプトのユニークな宿。シェフが目の前で焼いてくれるライブキッチンから提供されるステーキは、ここでしか味わえないおいしさ。同館の地下から直接引き湯していている源泉かけ流しの温泉も堪能したい。

HOTEL DATA
☎ 0570-009-444
所 箱根町強羅1300-658
交 箱根登山鉄道・強羅駅から徒歩8分
P 4台　in 15:00　out 10:00　客 14室
予 1泊2食付2万900円～

SPA MENU
| 岩盤浴 | 宿泊者利用料金 40分3300円(2人1組) |

温泉 DATA
| 風呂数 | 露天風呂:2、内湯:2、貸切風呂:0
(温泉ではない貸切風呂:1) ※客室風呂は除く |
| 泉質 | 塩化物泉 |

日帰りプラン
●月の雫コース1万8700円～
温泉と岩盤浴、会席コースの夕食を堪能。客室を14:00～21:00まで利用可能。3300円追加で最上級会席の「月の煌」へのアップグレードもできる

1. 露天ジャクジー付きラグジュアリースイートなど個性的な客室は選ぶのも楽しい　2. 誰もが利用できる露天風呂、箱根らしい深紅の柱がお出迎え　3. 強羅の豊かな自然を眺めながらくつろぐ、静かな時間　4. ライブキッチンで好みの焼き加減で供される牛ステーキ

2つの源泉に13の湯船
湯めぐりを楽しむ宿

箱根小涌谷温泉
水の音
はこねこわくだにおんせん みずのと

小涌谷 MAP 付録P.8 C-3

小涌谷と宮ノ下の2種の源泉が湧き出ており、露天に大浴場、檜風呂に岩風呂など13の湯船に浸かれる湯めぐりの宿だ。自然が心地よく、湯めぐりしながら庭園散策も。湯上り処のコーヒー牛乳やアイスキャンディなど、無料サービスも充実。

SPA MENU
| アロマセラピー | 【つばき】ボディ&フェイシャル:90分1万1700円 |
| 手もみ処 | 【うっとりコース】全身もみほぐし:60分7300円など |

温泉 DATA
| 風呂数 | 露天風呂:4、内湯:4、貸切風呂:3 ※客室風呂は除く |
| 泉質 | 弱食塩泉、塩化物泉 |

日帰りプラン
●贅沢日和日帰りプラン1万3000円～
14:00～21:00の最大7時間客室と温泉でくつろぎ。夕食は和食コース「足柄遊膳」と炙り焼き
※平日のみ実施

HOTEL DATA
☎ 0460-82-6011
所 箱根町小涌谷492-23
交 箱根登山鉄道・小涌谷駅から徒歩15分(無料送迎あり)
P 60台　in 15:00　out 11:00
客 95室　予 1泊2食6150円～

1. 「新館 水花の庄」では露天風呂付き和洋室でのんびり　2. 足柄遊膳(あしがらゆうぜん)は、メインを3種の鍋からお好みで、席に着いてから選ぶ　3. ロビーテラス。凛とした緑を眺め、水の音を聞きながら自然のなかでホッとひと息

ラグジュアリーな滞在 極上の湯宿

文化財指定の数寄屋造り
100年の時を超える日本旅館

福住楼
ふくずみろう

塔之沢 MAP 付録P.10 C-2

竹の美しさを最高に生かしたといわれる数寄屋建築は、多くの文化人に愛され、もてなしの質の高さをその歴史が証明する。神代杉や北山杉といった銘木をふんだんに使用した重厚感のある建物は一見の価値あり。新鮮魚介をメインにした会席料理が滞在に華を添える。

HOTEL DATA
☎0460-85-5301
所 箱根町塔之沢74　交 箱根登山鉄道・塔ノ沢駅から徒歩10分　P 8台
in 15:00　out 10:00　室 17室
予算 1泊2食付2万2600円〜

温泉 DATA
風呂数 露天風呂:0、内湯:2、貸切風呂:1
泉質 単純温泉(アルカリ性)

1. どこか懐かしい館内。五福を呼ぶ蝙蝠(こうもり)の意匠を探したい　2. 4部屋、28畳以上もある広々とした客室「竹五」。欄間などに施された手の込んだ意匠も見どころ　3. 重厚な看板が出迎える表玄関

日本の避暑を先導した古き箱根を堪能
風情ある老舗旅館の名建築を愛でる

泊まる

別荘文化の中心地、箱根。文明開化をリードした政治家や文化人がこよなく愛した往時のたたずまいに思いを寄せる。

SPA MENU
岩盤浴　1200円 ※タオル、ウェア、水ペットボトル料金

温泉 DATA
風呂数 露天風呂:2、内湯:2、貸切風呂:1 ※客室風呂は除く
泉質 単純温泉(アルカリ性)

1. 雄大な山々の緑に囲まれた趣ある楼閣　2. きちんと手入れがされた懐かしさも感じる客室　3. 貸切露天風呂「翠雲の湯」は渓流の音が心地よい

塔之沢に開湯して400年
文人や皇女に愛された名宿

元湯 環翠楼
もとゆ かんすいろう

塔之沢 MAP 付録P.10 C-2

大正時代に建設された木造多層式建築。奇跡の木材、神代杉を多用し匠の技を現代に伝えている。ゆっくりと時が流れる館内、偉人の墨蹟や骨董などの調度品を鑑賞したり、美しいステンドグラスやモザイクタイルなど大正ロマンに思いを馳せるのも一興だ。

HOTEL DATA
☎0460-85-5511
所 箱根町塔之沢88　交 箱根登山鉄道・箱根湯本駅から徒歩15分　P 30台
in 15:00　out 10:00　室 22室
予算 1泊2食付1万9440円〜

国指定の重要有形文化財
旅館第一号の超老舗

萬翠楼福住
ばんすいろうふくずみ

箱根湯本 MAP 付録P.17 D-2

幕末から明治にかけて著名な文化人や政治家が逗留した箱根湯本名主の名旅館。彼らが残した掛軸や書といった揮毫がある館内は和のテーマパークの様相。温泉は真綿の湯と評される自家源泉100%。

HOTEL DATA

☎ 0460-85-5531
所 箱根町湯本643
交 箱根登山鉄道・箱根湯本駅から徒歩5分(箱根湯本駅から送迎あり、要予約)
P 14台
in 15:00 out 11:00
室 13室
予算 1泊2食付2万2000円～

温泉 DATA

風呂数 露天風呂：2、内湯：2、貸切風呂：0 ※客室風呂は除く
泉質 単純温泉(アルカリ性)

1. 露天風呂とレトロな大浴場が楽しめる「一円の湯」 2. 銘木を贅沢に使用、広々とした和モダンな客室明治棟15号室

紅葉の露天風呂が人気
四季折々の風情が美しい

箱根小涌園
三河屋旅館
はこねこわきえん みかわやりょかん

小涌谷 MAP 付録P.8 B-3

春は桜、新緑やツツジも美しい中庭を眺めながら、お湯に浸かれる露天付き客室もある。箱根の自然が感じられる鍋中心の日本料理。純和風からプライベート重視の離れまで多様な客室でもてなす。

HOTEL DATA

☎ 0465-43-8541
所 箱根町小涌谷503
交 蓬莱園バス停からすぐ
P 30台(予約制)
in 15:00 out 10:00
室 25室
予算 1泊2食付2万3100円～

温泉 DATA

風呂数 露天風呂：2、内湯：2、貸切風呂：1 ※客室風呂は除く
泉質 単純温泉(弱アルカリ性、低張性、高温泉)

1. レトロモダンな本館和室が人気 2. 中庭のツツジが咲き誇るのは毎年5～6月頃

日帰りで和の名建築にふれる

旧御用邸で楽しむ
優雅な日帰り旅

菊華荘
きっかそう

宮ノ下 MAP 付録P.16 A-3

明治天皇の内親王のために建造された数寄屋風書院造りの建物や庭園を、そのまま使用した格式ある建物。宮ノ下の天然温泉をたたえた総檜造りの貸切風呂と、繊細で華やかな日本料理の食事も魅力。窓の外には日本庭園が広がり、四季折々に豊かな表情を見せる。建物だけでも一見の価値あり。

HOTEL DATA

☎ 0460-82-2211
所 箱根町宮ノ下359 富士屋ホテル
交 箱根登山鉄道・宮ノ下駅から徒歩9分 P 10台

1. 明治28年(1895)に建設。随所に菊の御紋のモチーフが配されている 2. 食事会場からは庭園も望める 3. 貸切檜風呂

日帰りプラン

●入浴日帰りプラン1万7000～2万円
貸切檜風呂と11:00～15:00の客室休憩、季節のお弁当の昼食を。平日2組限定

風情ある老舗旅館の名建築を愛でる

食を中心に、宿泊、エステ
洗練された箱根のリゾート

オーベルジュ オー・ミラドー

芦ノ湖周辺 MAP 付録P.6 B-3

自然と豊かな食材に恵まれた箱根に屹立する食の理想郷。さらにフランスの邸宅を思わせる客室といった異国情緒を感じられる環境に加えて、温泉を備えるなど、古くから異国の旅人が集った日本のリゾート・箱根ならではのホスピタリティで人々をくつろがせる。

1. 地元にある契約農家の畑の野菜などを、モダンにアレンジした美味な一皿 2. 箱根のオーベルジュだからこそ、食前や食後に温泉、という贅沢も味わえる 3. 森の木々に囲まれて、白壁の建物がフランス式庭園に隣接して建つ

HOTEL DATA

☎ 0460-84-7229
所 箱根町元箱根159-15 交 箱根ロープウェイ・桃源台駅から車で3分 P 30台 in 15:00 out 11:00 室 22室
予 1泊2食付ツイン2万6620円〜、ジュニアスイート3万3880円〜、芦ノ湖エクストラルーム3万6300円〜など

温泉 DATA

風呂数 露天風呂:0、内湯:2、貸切風呂:0
泉質 硫酸塩泉、炭酸水素塩泉

お食事 information

地元の食材を華麗なフレンチへ
オーセンティックでありながら最新鋭。シェフは一見矛盾する「深くて軽い」料理を理想に、地に足のついた箱根らしい料理を供する。

フォアグラ、枝豆、夏トリュフ
枝豆のパウダー、コンソメのゼリー、フォアグラと時間差で溶けるパーツが口の中で層をつくりながらソースと化す爽やかな料理。黒いのはトリュフのピューレ、泡はトリュフの香り

泊まる

美食付き高級リゾートホテルは箱根滞在の真髄

オーベルジュという夢舞台

オーベルジュとは、フランスが発祥の「宿泊できるレストラン」。
フレンチレストランとして一流であることは言うまでもない。美食、洗練された滞在を堪能したい。

高原の緑と風に抱かれて
にごり湯と自然派フレンチを

箱根オーベルジュ 漣-Ren-
はこねオーベルジュ れん

仙石原 MAP 付録P.5 D-3

仙石原に1000坪もの敷地を持ち、全10室のうち3室は露天風呂とウッドデッキ付き。温泉大浴場の内湯はかけ流しにごり湯、森の中の露天大浴場は緑の木々や風が心地よい。料理は四季の自然と本格的フレンチが自慢。

HOTEL DATA

☎ 0460-84-9000
所 箱根町仙石原1285-17 交 仙郷楼前バス停から徒歩6分 P 15台
in 15:00 out 11:00 室 10室
予 1泊2食付 スタンダードツインタイプ2万7980円〜、フォレストツインタイプ2万9190円〜、温泉露天風呂付客室 スーペリアツインタイプ4万8550円〜など

お食事 information

和テイストの創作フレンチを満喫
フランスで修業したシェフが供するのは、オーガニックな食材を日本人に合う「フランコ・ジャポネ」にアレンジした洗練の皿。フランス産自然派ワインも充実。

ディナーコース
オードブル、メインをそれぞれ6品から選べる。デザートもアヴァンデセールを3品、グランデセールを4品から選ぶプリフィクススタイルで

1. 内湯は大涌谷源泉のにごり湯を使用。肌にやさしい泉質 2. コンフォートツインの客室「ローズ」には専用露天風呂とオープンデッキが 3. 本館とは別棟にあるスーペリアツインの客室「ヴェルベーヌ」は極上のくつろぎ空間

温泉 DATA

風呂数 露天風呂:2、内湯:2、貸切風呂:0
泉質 硫酸塩泉、塩化物泉（低張性、高温泉）

絶景の展望露天風呂が全室に
絶品フランス料理も評判

箱根フォンテーヌ・ブロー
仙石亭
はこねフォンテーヌ・ブローせんごくてい

仙石原 MAP 付録P.6A-2

箱根外輪山を望む閑静な地に建つ老舗オーベルジュ。全12室には天然温泉かけ流しの露天風呂があり、雄大な眺めを間近に癒やしの時を過ごせる。自社プロデュースのバスケアやオーガニックコスメも試せる。

HOTEL DATA

☎0460-84-0501
所 箱根町仙石原1245-703　交 箱根カントリー入口バス停から徒歩10分　P 12台　in 15:00　out 11:00
室 12室　予算 1泊2食付 スイート 自然の絵画 通 -YOU- 3万6000円〜、ツイン 木々と赤い実り 沙 -SYA- 3万4000円〜、ダブル 洞窟での瞑想 絹 -KEN- 2万8000円〜など

温泉 DATA

風呂数：露天風呂:0、内湯:0、貸切風呂:0
※全客室に展望露天風呂完備

泉質：酸性-カルシウム-マグネシウム-硫酸塩-塩化物泉(源泉:大涌谷温泉)

1.全客室に専用露天風呂とデッキテラスを完備　2.ナチュラル派にうれしい、天然素材で作ったオリジナルのスキンケア製品　3.客室「煌」にはギャラリーをイメージしたインテリアが

お食事 information

厳選食材による季節のコース料理
帝国ホテル出身のオーナーシェフ・齋藤厚男氏が一皿一皿に想いを込めて提供する料理は、オリジナリティ豊かで季節感あふれる本格フレンチ。

ディナーコース
伝統的なフレンチの技法で、季節ごとに変わる旬の素材を生かしたフルコース

いちごの バシュラン仕立て
イチゴの赤を生かしたアート作品のようなデザート

医食同源の和フレンチに和む
森の中の隠れ家オーベルジュ

グリーンヒルズ草庵
グリーンヒルズそうあん

仙石原 MAP 付録P.4 B-1

仙石原の高台に建つ一軒家の洋館。〝医食同源〟をモットーとした和風創作フランス料理が好評で、リピーターを増やしている。緑の森に包まれた静寂とおいしい空気も、体が元気になるごちそう。温泉や大浴場はなく、その分、リーズナブルなのもうれしい。

HOTEL DATA

☎0460-84-7600
所 箱根町仙石原1181-147　交 仙石案内所バス停からタクシーで5分　P 10台　in 15:00　out 10:00　休 火曜、第2水曜　室 6室
予算 1泊2食付 Aプラン(スペシャルコース)1万8150円〜、Bプラン(フルコース)1万5950円〜、Cプラン(ライトコース)1万3750円〜など
※定休日は当日泊および前日泊が不可

1.仙石原の大自然が目の前に開ける大パノラマも宿の自慢だ　2.食事を楽しむレストランは和洋折衷の意匠で、ゆったりと落ち着ける　3.各客室は欧米のペンションのような温かみと快適性を兼ね備える

お食事 information

箸で気軽にいただけるフレンチ
和風のアレンジを加えた創作フレンチを提供。思わず写真に収めたくなる料理は見た目だけでなく、量も十分満足できる。

秋刀魚と里芋のテリーヌ
コンフィしたサンマの旨みがねっとりとした里芋の食感と絡み合う、繊細で上品な味

地鶏の香草 パン粉焼き
弾力のある肉質が自慢の御殿場地鶏は、ハーブとの相性が良く絶妙な味わい

ランチ利用もできます
宿泊しなくても、11:30〜13:30(LO)には各種ランチコースを楽しめる。
●ランチコース 2970円〜
名物の牛ホホ肉の赤ワイン煮込みや、相州牛をランチでも味わえる。自家製のジンジャーエールも絶品

オーベルジュという夢舞台

エステが人気の

広大な敷地を誇る
芦ノ湖の老舗リゾート

小田急 山のホテル
おだきゅう やまのホテル

芦ノ湖周辺 MAP 付録P.14A-2

すべての客室から芦ノ湖が望め、四季折々の自然と景観は、何度訪れても新しい発見がある。丘の斜面を這うように咲くツツジはホテルの大きな魅力。車いすでも庭園散策できるように工夫するなど、ホスピタリティに定評がある。

日帰りプラン
●日帰り入浴プラン
1万1800円〜
14:00〜20:00の間、ランチ＋大浴場で入浴、スタンダードツインルームでくつろげる

人気エステ PICK UP
絶景でリラックス
スパモンターニュ
仏語で山を意味するスパ。芦ノ湖を眼下にゆったりとした気分で施術を。

HOTEL DATA

☎0460-83-6321
【所】箱根町元箱根80
【交】元箱根港バス停から徒歩15分(送迎バスあり)
【P】100台
【in】15:00 【out】12:00 【室】89室
【予】1泊2食付2万7150円〜

1. 「クラシック＆オーセンティック」をベースに快適で上質な空間が広がる客室 2. ヨーロッパの古城を思わせる落ち着いた外観 3. ガラス張りで開放感のある大浴場

SPA MENU
箱根の波動バランスセッション
【火の波動エナジーバランス】120分3万6300円
【フット＆ヘッド】【美髪ヘッドスパ】60分1万8150円など

温泉 DATA
【風呂数】露天風呂:2、内湯:2、貸切風呂:0
※客室風呂は除く
【泉質】単純温泉(アルカリ性)

日常の疲れを解きほぐし
美を磨く至福のひととき

日帰りプラン
●日帰り入浴プラン
1万3000円〜
13:00〜20:00の間、ランチ、大浴場、客室での休息を満喫

人気エステ PICK UP
自然な開放感が魅力
女性専用スパやまざくら
自家源泉とスパを組み合わせた、体にやさしい湯治セラピーも評判。

SPA MENU
湯治セラピー 【湯ならし湯治】足つぼ30分＋肩ほぐし30分7150円
ボディ＆フェイシャルトリートメント
【極湯治】130分2万1010円など

温泉 DATA
【風呂数】露天風呂:7、内湯:3、貸切風呂:0 ※客室風呂は除く
【泉質】単純温泉(アルカリ性)

記念日や女性同士の旅にうれしい
充実の宿泊プランが魅力

小田急 ホテルはつはな
おだきゅう ホテルはつはな

箱根湯本 MAP 付録P.10A-4

湯坂山の眺望と須雲川のせせらぎを満喫。母娘や女性のグループ、3世代での滞在などに合わせた宿泊プランが充実する。スロープカーを設け温泉棟へは車いすでもアクセス可能。バリアフリーな客室も完備し、湯治にユニバーサルデザインで対応。

HOTEL DATA

☎0460-85-7321
【所】箱根町須雲川20-1
【交】ホテルはつはな前バス停からすぐ
【P】40台 【in】15:00 【out】12:00 【室】47室
【予】1泊2食付2万9150円〜

1. ユニバーサルデザインに対応する客室もある
2. 緑に囲まれたプライベートバス

開放感あふれる客室と
洗練されたサービス
ハイアット リージェンシー
箱根 リゾート&スパ
ハイアット リージェンシー はこね リゾート&スパ

強羅 MAP 付録P.8A-1

箱根外輪山を眺望するリゾート。30分で気軽に試せるトリートメントからカウンセリング付きオーダーメイドまで、メニューが充実したスパはぜひ利用したい。ウェスタンキュイジーヌや和食のレストラン、アフタヌーンティーなど食も充実。

人気エステ PICK UP
自然の力でリフレッシュ
スパIZUMI
ナチュロパシーをコンセプトに、念入りな施術からお試しまでメニューが充実。

HOTEL DATA
☎0460-82-2000
所 箱根町強羅1320　交 箱根登山ケーブルカー・上強羅駅から徒歩5分　P 57台　in 15:00
out 12:00　室 80室　予約 1泊2食付3万4800円～

SPA MENU
| フルテラピー | 【アボカド】フルボディ 90分2万3617円 |
| トライアル | 【エクスプレスボディ】30分1万1187円など |

※外来での利用は別途施設使用料3300円と入湯税50円が必要

温泉 DATA
| 風呂数 | 露天風呂:0、内湯:2、貸切風呂:0 ※客室風呂は除く |
| 泉質 | 酸性泉、硫酸塩泉、塩化物泉 |

1. 古くからの別荘地である強羅にあり、周囲には緑豊かな自然が広がる　2. 大涌谷の源泉を引いたゆったりとした大浴場　3. マウンテンビューツインルーム。広々とした客室からは美しい山の稜線が見える

リラックスリゾート

日帰りプランから滞在型のフルトリートメントまで幅広く、ニーズに応えるプランが充実。

エステが人気のリラックスリゾート

SPA MENU
| アロマボディトリートメント |
| 【スタンダード】80分1万8500円 |
| 【ボディケア】【首肩リフレ】40分7400円など |

温泉 DATA
| 風呂数 | 露天風呂:2、内湯:4、貸切風呂:0 ※客室風呂は除く |
| 泉質 | 硫酸塩泉 |

人気エステ PICK UP
こだわりのアロマオイル
スパ・ナチュール
厳選のオーガニックコスメを贅沢に使用する。

仙石原の老舗リゾート
愛犬と一緒の滞在プランも
小田急
箱根ハイランドホテル
おだきゅう はこねハイランドホテル

仙石原 MAP 付録P.5D-3

約1万5000坪の敷地内には雑木林や庭園が広がり散策を楽しめる。館内のフレンチレストランは独創的なフレンチジャポネが評判で、大涌谷から引く白濁のなめらかな湯が評判。アウトレットモールへのアクセスも良い。

HOTEL DATA
☎0460-84-8541
所 箱根町仙石原品の木940　交 品の木・箱根ハイランドホテルバス停からすぐ　P 65台　in 15:00　out 12:00
室 74室　予約 1泊2食付2万2150円(スタンダードツイン)～

1. 広大な敷地でのんびり過ごす贅沢な時間　2. 温泉大浴場。入浴後にくつろげるアクアラウンジもある　3. 「森のレジデンス」には露天風呂付き客室と愛犬と泊まれる客室もある

箱根が誇る大パノラマを滞在の友に

絶景自慢の温泉宿

季節と時間によって異なる表情を見せる箱根の自然。
都会の喧騒を忘れさせてくれる美しい景色に、体も心も癒やされる。

ロケーションは宮城野の高台。昔から愛されてきたリゾート強羅を一望。

箱根最高峰のロケーション
景色とともに味わう美食も魅力

箱根エレカーサ ホテル&スパ
はこねエレカーサ ホテル&スパ

強羅 MAP 付録P.9 D-1

全14室だけのプライベートホテル。窓が全開放できる半露天風呂付きの客室は3タイプあり、強羅の良質な温泉を源泉かけ流しで楽しめる。窓の外に絶景が広がるダイニングでは、地元の食材にこだわり、新鮮魚介や朝どれ野菜をふんだんに使用して見事にアレンジしたイタリアンが提供され、味にも定評がある。

1. バルコニーから眺める圧巻の絶景パノラマビュー
2. 落ち着いた雰囲気でゆったりとした客室
3. 森の緑と大自然に包まれたチャペルで憧れの挙式が叶う

HOTEL DATA

☎0460-86-1201
所 箱根町宮城野1362-16 交 箱根登山鉄道・強羅駅から車で8分(強羅駅から送迎あり、要予約) P 15台 in 15:00 out 10:00 室 14室 予約 1泊2食付2万5000円〜

SPA MENU

ボディ【NAYUTAアロマボディ】60分コース1万3200円【3Dデトックスボディ】150分コース3万2400円【フェイシャルエステ】60分コース1万4850円など

温泉 DATA

風呂数 露天風呂:0、内湯:2、貸切風呂:2(半露天風呂)※客室風呂は除く
泉質 塩化物泉

清流と渓谷の自然に包まれ
五感を解放し過ごす時間

四季を味わう宿 山の茶屋
しきをあじわうやどやまのちゃや

塔之沢 MAP 付録P.10 C-2

早川の吊り橋を渡った奥にたたずむ静かな宿。せせらぎと四季の景色を眺める客室では静かで落ち着いた時間を過ごすことができ、伝説の岩を残した岩戸の露天や自然に包まれたかのような渓谷の露天など、趣向を凝らした風呂がうれしい。

清流のせせらぎと渓谷の涼風が、五感を喜ばせる「爽」を運んでくれる。

1. 古くから愛されてきた塔之沢の湯。敷地内に源泉がある 2. 調度品にも和の風情が生きる客室「紫陽花」 3. 相模湾の新鮮魚介と足柄牛、地元の野菜を素材に月替わりで提供

HOTEL DATA

☎0460-85-5493
所 箱根町塔之沢171 交 箱根登山鉄道・塔ノ沢駅から徒歩10分(箱根湯本駅から湯本旅館送迎バスあり、有料) P 10台 in 15:00 out 10:00 室 15室 予約 1泊2食付2万4350円〜(部屋により異なる)

SPA MENU

アロマセラピー【フルボディコース】60分1万5180円〜【フェイシャルコース・スキンケア】40分1万2100円〜など

温泉 DATA

風呂数 露天風呂:3、内湯:2、貸切風呂:1 ※客室風呂は除く
泉質 単純温泉(弱アルカリ性)

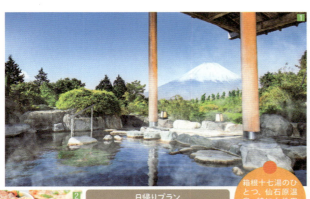

1 箱根観光に便利な立地と名峰富士を望む露天風呂

ホテルグリーンプラザ箱根
ホテルグリーンプラザはこね

仙石原 MAP 付録P.6 C-2

標高860mの山あいにあり眺望が抜群。ロープウェイの利用にも便利で散策もできる。1日1組限定の和室スイートには、源泉かけ流しの檜風呂も。箱根随一の大型ライブキッチンでは、約50種類のプレミアムビュッフェを用意している。

HOTEL DATA
☎ 0460-84-8611
所 箱根町仙石原1244-2 交 箱根ロープウェイ・姥子駅から徒歩3分 P 100台 in 15:00 out 11:00
室 123室 予算 1泊2食付き1万4300円～

SPA MENU
ポイントボディコース	【クリームバス】70分1万2600円
ボディケア	【バックケア】50分9000円
オプションメニュー	【リフレクソロジー】40分6300円など

温泉 DATA
風呂数　露天風呂:1、内湯:1、貸切風呂:0　※客室風呂は除く
泉質　硫酸塩泉、炭酸水素塩泉、塩化物泉(弱アルカリ性、低張性、高温泉)

絶景自慢の温泉宿

2 日帰りプラン
●アラカルトランチ+日帰り温泉セット2500円　温泉とランチ(カレーかパスタ、ドリンクセット)を楽しめるプラン※予約不可、利用時間は12:00～14:00

1. 富士山の雄姿を眺めながらの露天風呂に心からリラックス
2. ホテル自慢のビュッフェ。豊富な種類に心もお腹も大満足
3. 和洋室のスタンダードな部屋から特別スイートまで客室は多彩

箱根十七湯のひとつ、仙石原温泉。特に女性用露天風呂からの富士山は絶景。

渓谷の緑に包まれた隠れ宿でくつろぎの湯と旬の味覚に憩う

箱根吟遊
はこねぎんゆう

宮ノ下 MAP 付録P.16 C-4

箱根連山が織りなす渓谷にたたずむ宿。全客室と湯処が緑豊かな山々に面し、眼下には早川を望む。全室にオープンテラスと露天風呂、ダイニングルームがある贅沢な造り。「吟遊」の名のとおり、詩情の時空を遊べる。

HOTEL DATA
☎ 0460-82-3355
所 箱根町宮ノ下100-1 交 宮ノ下バス停から徒歩1分／箱根登山鉄道・宮ノ下駅から徒歩3分 P 15台 in 14:00 out 11:00 室 20室
予算 1泊2食付「空」3万1320円～、「星」3万3480円～、「風」4万1190円～、「月」4万4430円～(別途入湯税150円)

SPA MENU
オールハンドトリートメント ボディ60分1万8700円～、リフレクソロジー60分1万1000円～、フェイシャル70分1万9800円～、コラボレーション90分3万4100円～など

温泉 DATA
風呂数　露天風呂:3、内湯:1、貸切風呂:1(ほかサウナあり)　※全客室に露天風呂完備
泉質　塩化物泉(低張性、弱アルカリ性、高温泉)

1. 最上階のロビーから望む箱根連山の大パノラマが心を癒やす　2. 広いテラスを備えた和室タイプの客室「月」には、森に包まれる露天風呂と内風呂が並ぶ　3. 夕景や夜景を眺めながらの露天風呂での入浴も贅沢なひととき　4. ウォーターガーデンの向こうに広がる雄大な自然が素晴らしいGinyu Spaで五感を癒やす

森に包まれた静寂とプライベート感を味わいながら緑あふれる絶景を独り占め

インテリアにひと味違うエッセンス
和モダンのもてなし

大人のこだわりに応えてくれるハイスペックな宿で、上質な空間が生むゆるやかな時間の流れに身を任せる。

月と寄木細工がモチーフ 和洋の魅力が備わる湯宿

月の宿 紗ら
つきのやどさら

箱根湯本 **MAP** 付録P.11 D-3

和の癒やしと洋の居心地でもてなすデザイナーズ湯宿。全室露天風呂付きで、湯かごも用意。湯上がり処に用意されたアルコールやソフトドリンク、2種の貸切風呂など無料サービスが豊富。

HOTEL DATA
☎0460-85-5489(箱根予約センター)
所 箱根町湯本588-1 交 箱根登山鉄道・箱根湯本駅から徒歩9分(箱根湯本駅から湯本旅館送迎バスあり、有料) P 立体14台(高さ制限あり、要予約) in 15:00 out 11:00 客 56室 予算 1泊2食付2万2000円〜

温泉 DATA
風呂数 露天風呂:2、内湯:2、貸切風呂:2 ※全客室に露天風呂完備
泉質 単純温泉(アルカリ性)

1. 箱根湯本の須雲川沿いに建つ
2. 客室は洋室タイプで和モダンな空間
3. 全室に完備の露天風呂

1. 露天風呂と内湯の大浴場は深い森に包まれ、まさに森林浴
2. 外観、内装のすべてが匠の技による木の造りで統一される

森にたたずむ純和風旅館 木肌の空間でくつろぎの時を

強羅花扇 円かの杜
ごうらはなおうぎ まどかのもり

強羅 **MAP** 付録P.8 A-2

「円かの杜」の名に込められた思いは、"人の縁を紡ぐ特別な場所"。畳敷きの回廊、飛騨の匠による優美な家具を配した客室、全室に備わる露天風呂と眺望など、すべてに特別感が漂う。源泉を2つ持ち、客室と大浴場で泉質が異なるのも楽しみ。大切な人と上質な時間を過ごしたい癒やしの宿だ。

HOTEL DATA
☎0460-82-4100
所 箱根町強羅1320-862 交 箱根登山ケーブルカー・上強羅駅から徒歩7分(強羅駅・早雲山駅から送迎有) P 10台 in 15:00〜18:00 out 11:00 客 20室 予算 1泊2食付スイート6万円〜、デラックス4万8000円〜、スタンダード4万円〜

温泉 DATA
風呂数 露天風呂:4、内湯:2、貸切風呂:0 ※全客室に露天風呂完備
泉質 ①ナトリウム-塩化物・硫酸塩・炭酸水素塩泉 ②ナトリウム-塩化物泉

ユニークなコンセプトに注目

全室露天風呂付き ブックホテル

箱根本箱
はこねほんばこ

強羅 **MAP** 付録P.8 B-1

「本のある暮らし」を提案するブックホテルで、館内に展示された本はどれも購入することができる。ローカルガストロノミーを提案するレストランでは、自然派イタリアンが堪能できる。

HOTEL DATA
☎0460-83-8025
所 箱根町強羅1320-491
交 箱根登山鉄道・中強羅駅から徒歩4分 P 17台 in 15:00 out 11:00 客 18室 予算 1泊2食付1万9688円〜(税別)

1. 館内全体を書斎と捉えたブックホテル
2. 大浴場では2つの泉質が楽しめる

温泉 DATA
風呂数 露天風呂:2、内湯:2、貸切風呂:0 ※全客室に露天風呂完備
泉質 塩化物泉、硫黄泉

SIGHTSEEING
Hakone

足をのばして

小田原と御殿場の人気スポットへ

桜の名所でもある小田原城、買い物好きにはたまらないショッピングスポット「御殿場プレミアム・アウトレット」、小田原名物かまぼこが堪能できる「鈴廣 かまぼこの里」など、箱根の旅にプラス半日あれば十分に楽しめる。

江戸時代の武士が築いた城下町
小田原
おだわら

城下町、宿場町、そして港町として歴史を刻んできた街。小田原観光に、シンボルの小田原城天守閣と、名産のかまぼこは絶対にはずせない。

街歩きのポイント
- 小田原城天守閣からの眺めを堪能したら、NINJA館やSAMURAI館で小田原の歴史にふれてみよう
- 昔ながらの味を提供する老舗店で、小田原らしいおみやげをゲット

↑城の主要部分に石垣を用いた、総石垣造りの城としても有名だ

足をのばして ●小田原

はるかなる時を越え今に蘇った
小田原城
おだわらじょう

桜の名所100選に選ばれた小田原市のシンボル

東海道新幹線で小田原駅を過ぎたあたり、車窓に見える白い城が小田原城だ。豊臣秀吉の小田原攻めの舞台となり、江戸時代には江戸の西を守る城として栄えた。明治3年(1870)に廃城されたが、昭和35年(1960)には天守閣を復興。現在は小田原城や小田原北条氏についての資料、甲冑・古文書などを展示しており、最上階からは相模湾が一望できる。

小田原城址公園
おだわらじょうしこうえん
MAP 本書P.3 F-2
☎0465-23-1373(小田原城総合管理事務所) ⌂小田原市城内 ◷天守閣9:00～17:00(季節により異なる) 休無休 料無料 ◊JR／小田原急・小田原駅から徒歩10分 Pなし

小田原城の歴史
箱根の関所を控えた関東地方の防御の要

戦国大名・小田原北条氏の居城となり、豊臣秀吉の来攻に備えて広大な総構を築いたが、天正18年(1590)の小田原攻めにより開城した。明治3年(1870)に廃城となり、大正12年(1923)の関東大震災でも被害を受けたが、今では国の史跡に指定され、四季折々の花々とともに美しい姿を見せる。

↑小田原城を支配下とした北条早雲像。小田原駅の西口に立つ

注目ポイント

↑常盤木橋を見上げるように咲く花菖蒲。気品のある淡い紫色が美しい

季節の花を楽しむ

一年を通してさまざまな花が咲き誇る小田原城。3～4月には桜まつりが行われる。6月に花開くのは花菖蒲。東堀にある花菖蒲園ではアジサイと花菖蒲を同時に楽しむことができる。11月の菊花展は秋の風物詩のひとつ。

↑内部では歴史資料の展示や小田原ゆかりの美術工芸の紹介も

天守閣
てんしゅかく

小田原城や小田原北条氏の歴史を紹介。最上階は展望デッキになっている。
☎0465-22-3818 営9:00～17:00(季節により異なる) 料510円、小・中学生200円

常盤木門
ときわぎもん

小田原城本丸の正門。多聞櫓と渡櫓門を配する、大きく堅固な門だ。

↑小田原城で最も堅固な造り

常盤木門 SAMURAI 館
ときわぎもんサムライかん

常盤木門櫓門2階部分では、甲冑や刀剣などの優品を展示しているほか、プロジェクションマッピング「花伐つ鎧」などを鑑賞できる。
☎0465-22-3818(天守閣) 営9:00～17:00(入館は～16:30) 料200円、小・中学生60円

[小田原城 map]

↑SAMURAI館で、武士の世界にふれられる
↑甲冑や刀剣などの武具に特化した展示を行っている

NINJA館（歴史見聞館）
ニンジャかん（れきしけんぶんかん）

映像や展示で小田原の忍者・風魔党について学べる施設。デジタル技術を駆使した参加・体験型の展示で、大人も子どもも楽しく遊べる。
☎0465-22-3818(天守閣) 営9:00～17:00(入館は～16:30) 料310円、小・中学生100円

銅門
あかがねもん

二の丸の正門にあたる門。名前の由来となった銅板の装飾がポイント。

↑1997年に復元された

馬出門
うまだしもん

三の丸から二の丸へいたる位置に設けられた枡形形式の門。

↑どっしりとした門構え

小田原城周辺で買う小田原名物

昔から変わらない老舗の味。
おみやげにも喜ばれるものばかり。

「ういろう」の原点は小田原にあり
ういろう

MAP 本書P.3 F-2

始まりは室町時代に外郎家が考案した米粉の蒸菓子。家名より「ういろう」と呼ばれ、各地に広まった。本家本元は、もっちりとした食感とほのかな甘さが特徴。かながわの名産100選にも選ばれている。
☎0465-24-0560 所小田原市本町1-13-17 営10:00～17:00 休水曜、第3木曜 交JR／小田急・小田原駅から徒歩15分 P15台

→お菓子のういろう 各756円～。白砂糖、抹茶、小豆、黒砂糖、栗の全5種類ある

伝統の小田原かまぼこにこだわる
小田原 籠清 本店
おだわら かごせい ほんてん

MAP 本書P.3 F-2

文化11年(1814)創業。高級かまぼこの原料の代名詞、グチを100%使用している。職人の手技が際立つ美しい扇形の「鳳凰」、直火で焼いて蒸し上げた「角焼」が籠清の看板商品。
☎0465-23-4530 所小田原市本町3-5-13 営9:00～17:00 休無休 交JR／小田急・小田原駅から徒歩15分 Pあり

→2020年全国蒲鉾品評会農林水産大臣賞を受賞した「鳳凰」2本入り8748円

贈答用にも最適な極上梅干し
ちん里う本店
ちんりうほんてん

MAP 本書P.3 F-2

明治4年(1871)創業の梅専門店。小田原の曽我梅林を代表する銘梅「十郎」を使った梅干しや、完熟梅をハチミツと砂糖に漬け込んだ梅菓子はおみやげに最適だ。
☎0465-22-4951 所小田原市栄町1-2-1 営9:00～18:00 休無休 交JR／小田急・小田原駅からすぐ Pなし

→昔ながらの梅干し(左)だけでなく、ペースト(右)など加工品も販売している

小田原城

135

城下町小田原に集結した良質グルメ
とっておきグルメスポット

城下町として発展した小田原には、伝統を受け継ぐ老舗店が多く、貴重な食材も豊富。地元の食材を生かした魅力あふれるグルメに出会えること間違いなし!

↑鈴なり市場では、各種おみやげが豊富に揃う

鈴廣 かまぼこの里
すずひろ かまぼこのさと
MAP 付録P.3 F-2

かまぼこを知って食べて持ち帰りたい
イベントや新商品も要チェック

慶応元年(1865)に創業したかまぼこの老舗、鈴廣による複合施設。かまぼこやちくわ作りを体験できる博物館や、かまぼこ、干物など鈴廣の全商品が並ぶショップ、小田原の海山の幸を堪能できるレストランなどがある。

☎0465-22-3191 휴無休(臨時休館の場合あり) 小田原市風祭245 箱根登山鉄道・風祭駅直結 Pあり

●足をのばして 小田原

職人さんと一緒にかまぼこを作ろう
かまぼこ博物館
かまぼこはくぶつかん
MAP 付録P.3 F-2

かまぼこの歴史や素材、栄養などを学べる博物館。体験教室があるほか、タッチパネルで遊びながらかまぼこの秘密に迫るコーナー、かまぼこ板を使ったアート作品の展示もある。3階ではあげかま体験もできる。

☎0465-24-6262 ⌚9:00〜17:00

小田原宿の賑わいをイメージしたショップ
鈴なり市場
すずなりいちば
MAP 付録P.3 F-2

かまぼこを中心に約200種の小田原箱根みやげが揃う。自分で描いたイラストやメッセージをかまぼこにプリントしてくれる「プリかま」(焼印代432円)は、オリジナルのおみやげとして人気が高い。

☎0465-22-3191 ⌚9:00〜18:00 ※営業時間は変更になる場合あり

↑「海山のおーどぶる」全6種1本702円

↑地産の果物を中心に使ったスイーツを提供するカフェも(左)、かまぼこバーで3種を食べ比べ(右)

↑国道1号に面しており、車のアクセスも抜群

↑職人の伝統技を間近で見学できるコーナーも

↑かまぼこ作り体験。職人がていねいに教えてくれる(要予約)

木材を生かした日本の伝統建築も見どころ
千世倭樓
ちょうわろう
MAP 付録P.3 F-2

日本伝統の古民家を移築した食事処。割烹、会席、そば、茶房の4つ店舗に分かれてそれぞれ旬の味を提供する。

☎0465-24-3456 会席 大清水(完全予約制)11:30〜14:00/17:00〜21:00、割烹 潮の音11:30〜15:00(LO14:00) 17:00〜21:00(※予約のみ)、そば 美蔵11:00〜17:00(LO16:00)、茶房 しゃざ10:30〜17:00(LO16:00)

↑「割烹 潮の音」のハイカラ御膳3080円。カニクリームコロッケ、ビーフシチューのほか、四季折々の食材を生かした料理が用意されている

小田原早川漁村
おだわらはやかわぎょそん

MAP 本書P.3 F-2

新鮮で安くておいしい魚介を楽しむ漁港グルメのテーマパーク

小田原漁港で獲れたての魚介類を味わえるお店。魚屋直営で、店内は浜焼きバーベキューの「あぶりや」、豪快な海鮮丼の「海舟」、カキのがんがん焼きの「旨いもん屋台」、小物から干物まで買えるみやげ処など4店舗に分かれている。

☎0465-24-7800 所小田原市早川1-9-6
時10:00〜22:00 休無休 交JR早川駅から徒歩5分 Pあり(小田原漁協の駐車場利用)

→「あぶりや」での80分食べ放題コース3278円
→小田原漁港の目の前というロケーション。魚介類の鮮度にとことんこだわる

→かつおサラミ250円は特に人気の逸品

→小田原名物や雑貨を買える「かねよし」

一夜城Yoroizuka Farm
いちやじょうヨロイヅカ ファーム

MAP 付録P.3 F-3

地産地消を目指して大自然のなかに造られたファーム

人気パティシエ鎧塚俊彦氏の店。レストラン、パティスリー、ブーランジェリー、マルシェが1つになった珍しい形態のスポットだ。小田原ならではの材料を使用したファーム限定のスイーツはぜひ手に入れたい。

☎0465-24-3150 所小田原市早川1352-110
時10:00〜17:00 ※レストランカフェタイムは10:00〜10:50(LO10:30) 15:00〜17:00(LO16:30)、ランチ11:15〜15:00、マルシェ10:00〜17:00 休火曜 交箱根登山鉄道・箱根板橋駅からタクシーで8分 P50台

→フランボワーズのジュレがアクセントの早川レモンタルト550円

→広大な敷地内には柑橘類やベリー、野菜などが植えられている

→ピスタチオのクレムブリュレにチョコレートムースがかかったジャン・ピエール600円

→高台にあるのでテラス席からの眺めも格別だ

とっておきグルメスポット

アクティブな一日を過ごしたい
御殿場 ごてんば

街歩きのポイント
大型のレジャースポットで一日過ごすスタイルがおすすめ

都心から離れてレジャーを楽しむのにほどよい距離感が魅力。ショッピングやスポーツ、温泉などリフレッシュするには最適の施設が目白押しだ。

↑広大な敷地に、宿泊、温泉、グルメなどさまざまな施設が点在する

湯・食・遊と魅力が詰まった
御殿場高原 時之栖
ごてんばこうげん ときのすみか

大自然に癒やされ、リフレッシュ　1泊2日では物足りない高原リゾート

9万8000坪という広大な敷地内にホテルや温泉、アクティビティ施設などが集まった高原レジャー施設。ホテルタイプとロッジタイプがある宿泊施設や、種類豊富なレストラン、体をめいっぱい動かせるアクティビティ施設などがある。美術館や自然を散策するのもおすすめだ。イルミネーションを使ったイベントなども要チェック。

MAP 本書P.2A-2
☎0550-87-3700　所御殿場市神山719　料施設により異なる　休無休　交JR岩波駅から車で5分　P2600台

源泉 茶目湯殿
げんせん ちゃめゆどの

MAP 本書P.2A-2

18歳以上だけが楽しめる極上の癒やし空間

大人のための静かな温泉。露天風呂の天空の湯は富士山を見ながらお湯を楽しめる最高の空間だ。旬膳処 茶目は築200年の豪商の町家を移築した食事処。旬の食材をふんだんに使った料理がいただける。

☎0550-87-6426　営10:00～21:00（受付は～20:00）　休無休　料1日券 平日1650円、土・日曜、祝日2200円（8月11～16日は休日料金）
※18歳以上のみ入館可

→広々とした大浴場。外には炭酸水の露天風呂がある

↑富士山を一望できる天空の湯。壮大な景色と爽やかな風で気分爽快

←休憩室の菜根譚

御殿場高原ビール
ごてんばこうげんビール

MAP 本書P.2A-2

オリジナルの地ビールとおいしい料理を楽しむ

富士山の湧き水とドイツの技術が生んだオリジナル地ビール、御殿場高原ビールが楽しめる。GKBカフェなど4つのレストランが集合。御殿場コシヒカリラガーを含む5種類のクラフトビールが味わえる。

☎0550-87-5500　営休店舗により異なる

↑地ビールの飲み放題も付くバイキングレストラン麦畑

↓オープンキッチンで焼くスペアリブが人気のグランテーブル

↑カジュアルファッションだけでなく、一流ブランドや雑貨などショップの種類も充実している

↑ヒルサイドの3つのストリートに魅力的な88店舗が集結

↑ミニ遊園地は富士山も眺められる開放的な場所にある

日本最大のアウトレットで買い物三昧
御殿場プレミアム・アウトレット
ごてんばプレミアム・アウトレット

国内最大の規模を誇る
プレミアム・アウトレットフラッグシップ

富士山を望む国内最大のアウトレット。2020年6月に新エリア「ヒルサイド」が登場し、ウエストゾーン、イーストゾーンの店舗と合わせて290店舗に。メリーゴーラウンドなどのミニ遊園地に加え、日帰り温泉や宿泊施設も併設し、買い物、食事、遊びが楽しめる一大ショッピングリゾートだ。

MAP 本書P.2 B-1
☎0550-81-3122(ショップごとに異なる) 御殿場市深沢1312 10:00〜20:00(12〜2月は〜19:00、季節により変動あり) 2月第3木曜 JR御殿場駅から無料シャトルバスで15分 7000台

買い物のポイント

アプリでお得に
セールなどのお得なお知らせやクーポンも!「プレミアム・アウトレット ショッピングナビ」アプリでさらにお得なお買い物を。

バーゲンの時期をチェック
例年1・8月に大きなバーゲンが行われる(一部店舗を除く)。割引率も高い、お得なチャンスを逃さないようにしたい。

洋服の直しは早めに出す
お直しの専門店「ママのリフォーム」は2カ所。混雑時は仕上がりに時間がかかるので、早めに頼むのが正解。

各地から直行バスが運行
東京駅・新宿駅・品川駅・池袋駅のほか、町田駅・立川駅・横浜駅・日吉駅・たまプラーザ駅など各地から発着している直行バスが便利。

↑露天風呂には立湯と展望風呂がある

木の花の湯
このはなのゆ

MAP 本書P.2 B-1

富士山ビューが楽しめる
日帰り温泉施設

御殿場プレミアム・アウトレット内にあり、自家源泉の良質な温泉が富士山の絶景とともに楽しめる。大浴場のほかに19室の貸切露天風呂や和モダンのレストラン、休憩室、ライブラリーなど施設も充実している。

☎0550-81-0330 御殿場市深沢2839-1 10:30〜22:00(受付は〜21:00) メンテナンスによる休館あり 1600円(土・日曜、祝日1900円) JR御殿場駅から無料シャトルバスで15分、無料循環バスで5分 320台

箱根へのアクセス

電車派も車派も、まずは箱根観光の拠点、箱根湯本駅を目指す

新宿から小田急ロマンスカーで約90分と、電車でのアクセスはたいへん便利。ロープウェイや観光船など多彩な乗り物を堪能するなら電車がおすすめ。車利用なら芦ノ湖スカイラインのドライブが楽しめる。

電車・バスでのアクセス

アクセス良好、渋滞知らずの電車が便利

箱根観光の拠点は箱根湯本駅。新宿駅から小田急ロマンスカーを利用すれば乗り換えなしで約90分で到着する。東京駅からはJR東海道新幹線またはJR東海道線で小田原駅へ。名古屋方面からもJR東海道新幹線で小田原駅にアクセスする。

仙石原や芦ノ湖周辺に直行するなら、高速バスを利用すると楽。新宿駅、東京駅、羽田空港から発着しており、所要時間は2時間〜2時間40分ほど。小田原駅、熱海駅、三島駅、御殿場駅などから路線バスでアクセスすることもできる。

主要駅からのアクセス

出発駅	路線	所要時間/料金	経由	到着
北千住駅	小田急ロマンスカー[メトロはこね]	2時間10分/2730円	→	箱根湯本駅
新宿駅	小田急ロマンスカー[はこね][スーパーはこね]	1時間30分/2330円	→	箱根湯本駅
新宿駅	JR湘南新宿ライン快速	1時間25分/1520円	小田原駅	
東京駅	JR東海道新幹線[こだま]	35分/3280円(自由席)	小田原駅	
東京駅	JR東海道線 特急踊り子	1時間/2540円(自由席)	小田原駅	
東京駅	JR東海道線 快速アクティー	1時間15分/1520円	小田原駅	
名古屋駅	JR東海道新幹線[ひかり]	1時間10分/9300円(自由席)	小田原駅	
小田原駅	箱根登山鉄道	15分/320円	→	箱根湯本駅
小田原駅	箱根登山バス・伊豆箱根バス	15〜20分/380円	→	箱根湯本駅

※所要時間はおおよその目安表記
※料金は通常期の片道料金を掲載、夏休みや年末年始などの繁忙期は料金が異なる場合あり

鉄道・バスアクセス図

車でのアクセス

東名高速道路から箱根エリアへ

東名高速道路厚木ICから小田原厚木道路を経由して国道1号に入るのが一般的なルート。ドライブ目的ならアネスト岩田ターンパイク箱根を通る迂回ルートも楽しい。名古屋方面からは東名高速道路御殿場ICから仙石原にアクセスする。

主要ICからのアクセス

■東名高速道路料金表　□普通車通常料金(円)　□距離(km)

7220	4020	3490	3130	2890	2620	1920	1710	1300	800	600	370	東京	
7050	3820	3300	2900	2650	2370	1670	1460	1050	520	350	東名川崎	7.6	
6920	3680	3150	2720	2460	2190	1490	1280	870	370	横浜青葉	5.5	13.3	
6770	3520	2990	2510	2250	1940	1270	1070	660	横浜町田	6.4	12.1	19.7	
6410	3130	2510	2010	1760	1480	780	570	厚木	15.3	21.7	27.4	35.0	
6120	2810	2100	1600	1350	1070	370	秦野中井	15.1	30.4	36.8	42.5	50.1	
5970	2600	1890	1390	1140	860	大井松田	7.8	22.9	38.2	44.6	50.3	57.9	
5490	1900	1190	700	440	御殿場	25.8	33.6	48.7	64.0	70.4	76.1	83.7	
5390	1630	910	420	裾野	10.1	35.9	43.7	58.8	74.1	80.5	86.2	93.8	
5210	1370	660	沼津	9.5	19.6	45.4	53.2	68.3	83.6	90.0	95.7	103.3	
4870	880	富士	18.2	27.7	37.8	63.6	71.4	86.5	101.8	108.2	113.9	121.5	
4390	清水	26.3	44.5	54.0	64.1	89.9	97.7	112.8	128.1	134.5	140.2	147.8	
名古屋	177.7	204.0	222.2	231.7	241.8	267.6	275.4	290.5	305.8	312.2	317.9	325.5	

■有料道路料金表

有料道路名	距離	料金
小田原厚木道路(厚木西IC〜小田原西IC)	30.8km	740円
西湘バイパス(西湘二宮IC〜箱根口IC)	14.5km	270円
アネスト岩田ターンパイク箱根(箱根小田原本線)	13.8km	730円
アネスト岩田ターンパイク箱根(箱根伊豆連絡線)	1.7km	150円
芦ノ湖スカイライン(箱根峠〜湖尻水門)	10.7km	800円
箱根スカイライン(湖尻峠〜長尾峠)	5.0km	360円

箱根の交通

さまざまな移動手段があるので目的に応じてプランを立てよう

乗り物の種類が充実しているのが箱根の特徴。移動の手段としての利用価値ももちろんあるが、芦ノ湖の湖上から眺める景色、ロープウェイから見下ろす噴煙地など、乗ることで味わえる感動も大きい。

箱根登山電車　→P.66
箱根交通の要、急斜面を上る登山鉄道

小田原駅から箱根湯本駅を経由して強羅駅まで、標高差527mの斜面を、途中スイッチバックを繰り返しながら上る登山電車。沿線にはアジサイが多数植えられ、6月中旬〜7月上旬には、見頃を迎えるアジサイが車窓から楽しめる。あじさい電車として親しまれ、夜間のライトアップは幻想的だ。

路線バス
箱根全域をカバーする路線網

● 箱根登山バス
小田原・箱根湯本から、元箱根港・箱根町港・桃源台・仙石原方面へ運行し、箱根のほぼ全域を網羅している路線バス。前方のドアから乗り降りし、運賃は後払い。PASMO、Suicaなどの交通系ICカードも利用可能。周遊券やフリーパスを利用するときは整理券を取らず、券面を運転士に見せて乗り降りする。「箱根フリーパス」を利用すると便利。

● 観光施設めぐりバス
レトロモダンな車両のバス「スカイライト」が強羅・仙石原の観光スポットを巡り、御殿場プレミアム・アウトレットまで運行している。仙石原の美術館めぐりに便利な路線。天窓からの景色も楽しめる。
沿線の観光スポット：彫刻の森美術館、箱根ガラスの森美術館、箱根美術館、星の王子さまミュージアム、ポーラ美術館、箱根ラリック美術館、箱根小涌園ユネッサン、箱根湿生花園、箱根強羅公園、御殿場プレミアム・アウトレット

● 伊豆箱根バス
箱根湯本から元箱根・箱根町・湖尻方面へのルートがあり、箱根園にアクセスできるのはこちらの路線バス。
● 箱根 ワンデーバスフリー＆ツーデーバスフリー
料金：1700円（ワンデー）、2000円（ツーデー）
有効期限：1日（ワンデー）、2日（ツーデー）
乗り放題範囲：伊豆箱根バス指定区間内

その他の乗り物
車窓の景色も堪能したいさまざまな乗り物

● 箱根登山ケーブルカー　→P.67
強羅駅から早雲山駅まで、標高差209mもある斜面を約10分で結ぶ。1.2kmと歩ける距離だが、勾配がかなりきつい。
強羅駅〜早雲山駅　10分／片道430円

● 箱根ロープウェイ　→P.68
早雲山から芦の湖畔の桃源台まで、18人乗りのゴンドラが24分で結ぶ。大涌谷の壮大な風景が見渡せる。
早雲山〜大涌谷（乗り換え）〜姥子〜桃源台　24分／片道1550円

● 箱根 駒ヶ岳ロープウェー　→P.55
標高1356mの駒ヶ岳山頂まで上る101人乗りのゴンドラは、10〜20分間隔で運行。山頂からのパノラマが素晴らしい。
箱根園〜駒ヶ岳頂上　7分／往復1600円

● 箱根海賊船　→P.50
17〜18世紀の帆船型戦艦を模したデザインが人気の観光船。
桃源台港〜箱根町港・元箱根港　25〜35分／片道1200円

● 箱根 芦ノ湖遊覧船　→P.51
揺れが少ない双胴船で安定感があるのが特徴。
箱根関所跡港〜元箱根港〜箱根園港　40分／往復1480円

箱根観光にお得なフリーきっぷ

● 箱根フリーパス
有効期限と料金：2日間有効5700円、3日間有効6100円（ともに新宿発）　乗り放題範囲：小田急線の往復（ロマンスカー料金は除く）に加え、箱根登山電車、箱根登山ケーブルカー、箱根ロープウェイ、箱根海賊船のほか、箱根登山バス（指定区間）、観光施設めぐりバスなど　発売場所：小田急線各駅、箱根登山電車の主な駅、小田急トラベル店舗など

● 箱根旅助け
料金：3000円　有効期限：2日間　乗り放題範囲：伊豆箱根バス（指定区間内）、箱根 駒ヶ岳ロープウェー、箱根十国峠ケーブルカー、箱根 芦ノ湖遊覧船、および箱根園水族館（1回）の料金が含まれる　発売場所：元箱根案内所、箱根園案内所、小田原駅前・湯河原駅前・熱海駅前各案内所

※情報は2021年4月現在のものです。

INDEX

歩く・観る・美と出会う

あ 芦ノ湖 ・・・・・・・・・・・・・・・ 29
　芦ノ湖スカイライン ・・・・・・・・ 59
　アネスト岩田スカイラウンジ ・・・ 58
　阿弥陀寺 ・・・・・・・・・・・・ 27・72
　一夜城 Yoroizuka Farm ・・・・ 137
　大涌谷 ・・・・・・・・・・・・・・ 29・64
　大涌谷延命地蔵尊 ・・・・・・・・ 64
　大涌谷くろたまご館 ・・・・・・・・ 65
　大涌谷自然研究路 ・・・・・・・・ 64
　岡田美術館 ・・・・・・・・・・・・・ 92
　小田急 山のホテル ・・・・・・・・ 24
　小田原城 ・・・・・・・・・・・・・ 134
　小田原城址公園 ・・・・・・・・・ 134
　小田原早川漁村 ・・・・・・・・・ 137
　恩賜箱根公園/湖畔展望館 ・・・・ 63
か かまぼこ博物館 ・・・・・・・・・ 136
　旧街道石畳 ・・・・・・・・・・・・・ 62
　旧街道杉並木 ・・・・・・・・・・・ 62
　cu—mo箱根 ・・・・・・・・・・・・ 22
　九頭龍神社本宮 ・・・・・・・ 57・79
　源泉 茶目湯殿 ・・・・・・・・・・ 138
　ケンペル・バーニーの碑 ・・・・・ 81
　御殿場高原 時之栖 ・・・・・・・ 138
　木の花の湯 ・・・・・・・・・・・・ 139
　駒形神社 ・・・・・・・・・・・・・・ 79
さ 嶋写真店 ・・・・・・・・・・・・・ 42
　守源寺 ・・・・・・・・・・・・・・・ 63
　精進池 ・・・・・・・・・・・・・・・ 29
　鈴廣 かまぼこの里 ・・・・・・・ 136
　絶景日帰り温泉 龍宮殿本館 ・・・ 55
　セピア通り ・・・・・・・・・・・・・ 41
　仙石原のススキ草原 ・・・・ 28・70
　早雲寺 ・・・・・・・・・・・・・ 72・79
た 太閣石風呂 ・・・・・・・・・・・・ 79
　谷のテラス大涌谷 ・・・・・・・・・ 65
　玉村豊男ライフアートミュージアム
　・・・・・・・・・・・・・・・・・・・・・ 95
　チェンバレンの散歩道 ・・・・・・ 41
　千条の滝 ・・・・・・・・・・・・・・ 47
　チャップリンの散歩道 ・・・・・・ 41
　茶屋本陣 畔屋 ・・・・・・・・・・ 51
　長安寺 ・・・・・・・・・・・・・・・ 28
　彫刻の森美術館 ・・・・・・・・・ 88
　天山湯治郷 ・・・・・・・・・・・・ 76

な NINJABUS WATER SPIDER ・・・・ 55
は 箱根・芦ノ湖展望公園 ・・・・・ 59
　箱根・芦ノ湖 成川美術館 ・・・・ 95
　箱根 芦ノ湖遊覧船 ・・・・・・・ 51
　箱根駅伝ミュージアム ・・・・・・ 61
　箱根園 ・・・・・・・・・・・・・ 25・54
　箱根園水族館 ・・・・・・・・・・・ 54
　箱根海賊船 ・・・・・・・・・・・・ 50
　箱根ガラスの森美術館 ・・・・・・ 93
　箱根クラフトハウス ・・・・・・・・ 49
　箱根強羅公園 ・・・・・・・・・ 27・48
　箱根 駒ヶ岳ロープウェー ・・・・ 55
　箱根小涌園ユネッサン ・・・・・・ 46
　箱根湿生花園 ・・・・・・・・・・・ 71
　箱根写真美術館 ・・・・・・・・・ 95
　箱根神社 ・・・・・・・・・・・ 56・79
　箱根じんりき ・・・・・・・・・・・・ 61
　箱根スカイライン ・・・・・・・・・ 59
　箱根関所 ・・・・・・・・・・・ 60・62
　箱根関所からくり美術館 ・・・・・ 99
　箱根関所資料館 ・・・・・・・・・ 61
　箱根ドールハウス美術館 ・・・・・ 95
　箱根登山ケーブルカー ・・・・・・ 67
　箱根登山電車 ・・・・・・・・ 26・66
　箱根美術館 ・・・・・・・ 27・28・94
　箱根マイセンアンティーク美術館
　・・・・・・・・・・・・・・・・・・・・・ 93
　箱根元宮 ・・・・・・・・・・・・・・ 79
　箱根やすらぎの森 ・・・・・・・・ 63
　箱根湯本駅 ・・・・・・・・・・・・ 73
　箱根湯本商店街 ・・・・・・・・・ 74
　箱根湯寮 ・・・・・・・・・・・・・・ 76
　箱根ラリック美術館 ・・・・・・・ 91
　箱根ロープウェイ ・・・・・・・・・ 68
　箱根ロープウェイ 大涌谷駅 ・・・ 65
　畑宿一里塚 ・・・・・・・・・・・・ 63
　畑宿清流マス釣場 ・・・・・・・・ 62
　畑宿寄木会館 ・・・・・・・・・・・ 99
　飛龍の滝 ・・・・・・・・・・・・・・ 62
　噴煙地 ・・・・・・・・・・・・・・・ 65
　ポーラ美術館 ・・・・・・・・・・・ 90
　星の王子さまミュージアム
　箱根サン＝テグジュペリ ・・・・・ 94
　本間寄木美術館 ・・・・・・・・・ 100
ま 三島スカイウォーク ・・・・・・・ 58
　道の駅 箱根峠 ・・・・・・・・・・ 58
　宮城野早川堤 ・・・・・・・・・・・ 25

や 弥次喜多の湯 ・・・・・・・・・・ 77
　湯遊び処 箱根の湯 ・・・・・・・ 77
　湯処 早雲 ・・・・・・・・・・・・・ 77
　湯の里おかだ ・・・・・・・・・・・ 77

食べる

あ 甘酒茶屋 ・・・・・・・・・・・・・ 63
　Albergo bamboo ・・・・・・・・ 105
　一色堂茶廊 ・・・・・・・・・・・・ 49
　IL LAGO ・・・・・・・・・・・・・・ 53
　いろり家 ・・・・・・・・・・・・・・ 44
　ヴェル・ボワ ・・・・・・・・・・・ 104
　WOODSIDE dining ・・・・・・・ 107
　お食事処「富士」・・・・・・・・・・ 55
　御番所茶屋 ・・・・・・・・・・・・ 61
か CASAMIA ・・・・・・・・・・・・ 106
　開化亭 ・・・・・・・・・・・・・・・ 92
　懐石料理 花壇 ・・・・・・・・・ 108
　カフェ「アーチェロ」・・・・・・・・ 93
　cafe KOMON 湖紋 ・・・・・・・ 51
　Café de motonami ・・・・・・・ 118
　Cafe Pic ・・・・・・・・・・・・・・ 49
　カフェ・レストランLYS ・・・・・・ 91
　画廊喫茶ユトリロ ・・・・・・・・ 74
　菊華荘 ・・・・・・・・・・・・・・ 109
　グランリヴィエール箱根 仙石原本店
　・・・・・・・・・・・・・・・・・ 119・120
　強羅花詩 ・・・・・・・・・・・・・ 119
　御殿場高原ビール ・・・・・・・ 138
さ The Hakone Open-Air
　Museum Café ・・・・・・・・・・ 89
　茶房うちだ ・・・・・・・・・・・・ 119
　知客茶家 ・・・・・・・・・・・・・ 110
　じねんじょ蕎麦 箱根 九十九 ・ 113
　鮨みやふじ ・・・・・・・・・・・・ 45
　ステーキハウス吉池 ・・・・・・・ 74
　蕎麦 貴賓館 ・・・・・・・・・・・ 112
　そば処 奈可むら ・・・・・・・・ 112
　ソラ アンナ ・・・・・・・・・・・ 107
た 鯛ごはん懐石 瓔珞 ・・・・・・ 109
　鯛らーめん 麺処 彩 ・・・ 115
　田むら銀かつ亭 ・・・・・・・・・ 114
　彫刻の森ダイニング ・・・・・・・ 89
　千世倭樓 ・・・・・・・・・・・・・ 136

つつじの茶屋 ・・・・・・・・・・ 109
ティーラウンジ 季節風 ・・・・・ 53
手打ち蕎麦 彦(げん) ・・・・・・ 113
な NARAYA CAFE ・・・・・・・・・・ 43
は 箱根 明か蔵 ・・・・・・・・・・ 115
箱根 暁庵 ・・・・・・・・・・・・ 113
箱根カフェ ・・・・・・・・・・・ 73
箱根かれー 心 ・・・・・・・・・ 115
箱根自然薯の森 山薬 ・・・・・ 45
はつ花そば 本店 ・・・・・・・・ 112
プレミアムショップ＆
サロン・ド・テ ロザージュ ・・・ 53
ま 宮ノ下あじさい坂上 森メシ ・・・ 44
や 湯葉丼 直吉 ・・・・・・・・・・ 110
湯本ハイカラ中華 日清亭 ・・・ 75
ら ラウンジ やまぼうし ・・・・・ 55
ラ・カンツォーネ ・・・・・・・・ 93
La Terrazza 芦ノ湖 ・・・・・・・ 52
La Bazza ・・・・・・・・・・・・ 45
La forêt ・・・・・・・・・・・・ 106
LE VIRGULE ・・・・・・・・・・ 105
レストラン アレイ ・・・・・・・ 90
RESTAURANT ROI ・・・・・・・ 114
わ 渡邊ベーカリー ・・・・・・・・ 44

買う

あ ういろう ・・・・・・・・・・・・ 135
小田原 籠清 本店 ・・・・・・・ 135
か 金指ウッドクラフト ・・・・・・・ 100
川辺光栄堂 ・・・・・・・・・ 42・120
菊川商店 ・・・・・・・・・・ 75・120
御殿場プレミアム・アウトレット・・ 139
権現からめもち ・・・・・・・・・ 57
さ 城下町ぷりん 箱根湯本店 春風楼
・・・・・・・・・・・・・・・ 22
ショッピングプラザ(箱根園) ・・ 55
杉養蜂園 箱根湯本店 ・・・・ 74・120
鈴なり市場 ・・・・・・・・・・ 136
た 田雅重 ・・・・・・・・・・・ 75・120
竹いち ・・・・・・・・・・・ 75・120
ちもと ・・・・・・・・・・・ 74・120
彫刻の森美術館
ショッピングモール ・・・・・・ 97
ちん里う本店 ・・・・・・・・・ 135

辻国豆ふ店 ・・・・・・・・・・ 111
豆腐処 萩野 ・・・・・・・・・・ 111
豊島豆腐店 ・・・・・・・・・・ 111
は 箱根カフェ・スイーツショップ ・・ 73
箱根 銀豆腐 ・・・・・・・・・・ 111
箱根光喜號 ・・・・・・・・・・・ 43
箱根 sagamiya ・・・・・・・・ 75・120
箱根チーズテラス ・・・・・・・ 22
箱根てゑらみす ・・・・・・・・ 22
箱根の ・・・・・・・・・・・・・ 73
箱根プリンス パン工房 ・・・・・ 55
箱根ベーカリー 風祭店 ・・・・ 117
箱根寄木細工うちはら ・・・・・ 101
箱根ラリック美術館
ミュージアムショップ ・・・・・ 97
箱根・ルッカの森 ・・・・・ 75・120
före bakery ・・・・・・・・・・ 117
福久や 九頭龍餅 ・・・・・・・・ 74
ベーカリー＆スイーツ "PICOT"
・・・・・・・・・・・・・・・ 116
Bakery & Table 箱根 ・・・・・・ 116
ポーラ美術館
ミュージアムショップ ・・・・・ 97
ら るちゑのやどりぎ ・・・・・・・ 101
わ 渡邊ベーカリー ・・・・・・・・ 117

泊まる

あ オーベルジュ オー・ミラドー ・・ 126
小田急 箱根ハイランドホテル
・・・・・・・・・・・・・・・ 129
小田急 ホテルはつはな ・・・・ 128
小田急 山のホテル ・・・・・・・ 128
大人の隠れ家
箱根別邸 今宵-koyoi- ・・・・・・・ 123
か 菊華荘 ・・・・・・・・・・・・ 125
きたの風茶寮 ・・・・・・・・・ 35
金乃竹 仙石原 ・・・・・・・・・ 35
金乃竹 塔ノ澤 ・・・・・・・・・ 37
グリーンヒルズ草庵 ・・・・・・ 127
強羅花壇 ・・・・・・・・・・・ 122
強羅 月の泉 ・・・・・・・・・・ 34
強羅花扇 円かの杜 ・・・・・・・ 132
さ 四季の湯座敷 武蔵野別館 ・・・ 122
四季を味わう宿 山の茶屋 ・・・ 130

静観荘 ・・・・・・・・・・・・ 33
雪月花別邸 翠雲 ・・・・・・・ 36
た 月の花 梟 ・・・・・・・・・・ 34
月の宿 紗ら ・・・・・・・・・ 132
は ハイアット リージェンシー 箱根
リゾート＆スパ ・・・・・・・ 129
箱根 藍瑠 ・・・・・・・・・・ 37
箱根エレカーサ ホテル＆スパ
・・・・・・・・・・・・・・・ 130
箱根オーベルジュ 漣-Ren- ・・・ 126
箱根吟遊 ・・・・・・・・・・・ 131
箱根・強羅 佳ら久 ・・・・・・・ 23
箱根小涌園 天悠 ・・・・・・・ 47
箱根小涌園 三河屋旅館 ・・・・ 125
箱根小涌谷温泉 水の音 ・・・・ 123
箱根 時の雫 ・・・・・・・・・・ 32
HAKONE NICA ・・・・・・・・・ 23
箱根フォンテーヌ・ブロー
仙石亭 ・・・・・・・・・・・ 127
箱根本箱 ・・・・・・・・・・・ 132
箱根 ゆとわ ・・・・・・・・・・ 23
箱根湯宿 然 -ZEN- ・・・・・・・ 33
箱根リトリートvilla 1/f ・・・・・・・ 23
萬翠楼福住 ・・・・・・・・ 83・125
福住楼 ・・・・・・・・・・・ 83・124
富士屋ホテル ・・・・・・ 31・83・84
星野リゾート 界 仙石原 ・・・・ 36
星野リゾート 界 箱根 ・・・・・ 102
ホテルインディゴ箱根強羅 ・・・ 23
ホテルグリーンプラザ箱根 ・・・ 131
ま 元湯 環翠楼 ・・・・・・・ 83・124

STAFF

編集制作 Editors
(株)K&Bパブリッシャーズ

取材・執筆・撮影 Writers & Photographers
高橋靖乃　成沢拓司　忍章子
安田真樹　雪岡直樹　岩下宗利(I&M)

執筆協力 Writers
内野究　重松久美子　嶋嵜圭子　永田さち子
森合紀子　加藤由佳子　藤田佳鶴子　遠藤優子

本文・表紙デザイン Cover & Editorial Design
(株)K&Bパブリッシャーズ

表紙写真 Cover Photo
アフロ

地図制作 Maps
トラベラ・ドットネット(株)
DIG.Factory
フロマージュ

写真協力 Photographs
関係各市町村観光課・観光協会
関係諸施設
PIXTA

総合プロデューサー Total Producer
河村季里

TAC出版担当 Producer
君塚太

TAC出版海外版権担当 Copyright Export
野崎博和

エグゼクティヴ・プロデューサー
Executive Producer
猪野樹

おとな旅 プレミアム
箱根　第3版

2021年6月6日　初版　第1刷発行

著　　者	TAC出版編集部
発 行 者	多田敏男
発 行 所	TAC株式会社　出版事業部
	（TAC出版）

〒101-8333 東京都千代田区神田三崎町3-2-18
電話　03(5276)9492(営業)
FAX　03(5276)9674
https://shuppan.tac-school.co.jp

印　　刷	株式会社　光邦
製　　本	東京美術紙工協業組合

©TAC 2021　Printed in Japan　　ISBN978-4-8132-9449-8
N.D.C.291　　　　　　落丁・乱丁本はお取り替えいたします。

本書は、「著作権法」によって、著作権等の権利が保護されている著作物です。本書の全部または一部につき、無断で転載、複写されると、著作権等の権利侵害となります。上記のような使い方をされる場合には、あらかじめ小社宛許諾を求めてください。

本書に掲載した地図の作成に当たっては、国土地理院発行の数値地図(国土基本情報)電子国土基本図(地図情報)、数値地図(国土基本情報)電子国土基本図(地名情報)及び数値地図(国土基本情報20万)を調整しました。